백원담이 딸에게 띄우는 편지

색동저고리 입고 꼬까신 신고

백원담

1995

■ 권두시

박꽃, 눈꽃

엄마는 너를
박꽃이라 부른다

초가을
저 휘영한 달빛
삶에 목이 채여
처연히 나앉은
서른네살의 구비에

하얀 웃음으로 피어나
살갑게 안기며
기어코 일으키고야 마는 널
엄마는 박꽃이라 부른다

엄마는 너를
눈꽃이라 부른다

날마다 무너져 내리는 억장
혁명의 순결들이

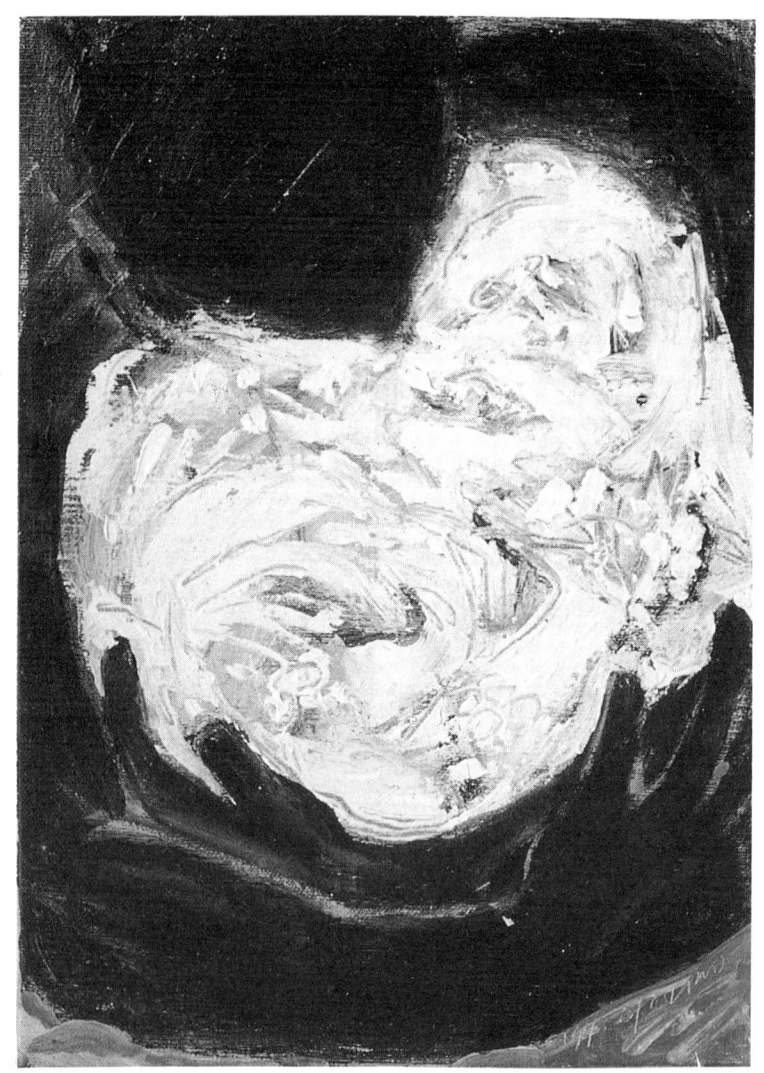

박꽃, 눈꽃(이인경 그림, 캠퍼스에 유화, 24×30.5cm)

속절없이 겁탈당해
숯덩이로 거멓게 타들어가는 속
붙들 것 없이 모두들 스러져가는 소리에
마지막 숨을 몰아
분노를 울 때

마침내 하늘 한가운데
더럭 열리며
쏟아져 내리는 하얀 웃음
춤추며 무리지며
온세상에 은가루 날리고
푸근히 안겨오는 너

이른 봄 눈 속에서 터져나오는
들풀의 싹눈으로 파랗게 웃을
생명의 씨앗을 잉태하려
하얗게 쏟아져 내리는 너를
엄마는 눈꽃이라 부른다

글머리에

"아빠, 노을에 와"

빨간 열매가 조롱조롱 매달린 키작은 구기자나무 옆에서 아름이가 작은 손을 흔든다. 지난 겨울 공원나무에 철책을 두른 것을 보고 나무가 감옥에 갇혔다며 발을 동동 구르던 아름이는 이제 더이상 울지 않는다. 여름내 하늘 높이 솟은 소나무 밤나무숲을 쏘다니고, 다시 시작되는 이 겨울 되내기(초겨울 무서리보다 더 심하게 내리는 서리) 내린 들녘을 옆집 오빠가 따준 홍시보다 더 발갛게 볼을 물들이며 뛰어다닌다. 놀이방에 가기 싫어서 하루내 굶다가 밤 11시 반에 밥을 달라 하고, 책과 장난감만으로 자기세계를 만들며, 엄마가 나서지 않으면 아파트 현관문을 혼자 밀고 나가본 적이 없는 영락없는 도시아이 아름이가 이렇게 하루아침에 촌동네 개구지가 돼버릴 줄이야. 살구를 따서 옷자락 가득 안고 의기양양하게 들어오고, 메뚜기를 잡아 강아지풀에 줄줄이 끼워 고물거리는 그것을 손바닥에 들고는 신기해하고, 돼지풀꽃을 가득 따다 엄마에게 안겨주며 헤 웃는 다섯살배기는 또래가 없어 오빠들이 학교에서 돌아오기를 기다리며 책을 끼고 온동네를 돌아다니다 볕이 따스한 우물가에서 쪼그리고 앉아 보고 옆집 할머니네 안방에 앉아서도 보고 닭장 앞 모랫더미에 앉아서도 보고 뒷산자락 가을쑥밭에서도 보고.

  일년새 많은 변화가 있었다. 아름이 동생 하제가 태어났고, 백일을 코앞에 두고 우리 네 식구는 마침내 도시를 탈출, 산좋고 물좋은 이곳 산척리에 터를 잡았다. 밤새 양철지붕 위로 떨어지는 살구소리에 잠을 설치고 갓 솎아낸 얼갈이배추랑 열무로 절이기를 해서 아침을 먹고 상추꽃 노랗게 핀 보건소에 가서 대학병원도 못 미더워 미뤄두었던 아름이 뇌염예방주사도 맞히고, 눈물 찰랑이는 초여름을 지나, 타닥타닥 가슴까지 갈라터지던 비 한방울 내리지 않는 폭염 속에 고추처럼 하루가 데이면서도 털털거리는 경운기 소리로 새벽을 여는, 잠시도 쉬지 않는 그을은 얼굴들의 부지런한 삶 곁에서 사람사는 맛에 흠뻑 취해 있다.

  한 소쿠리도 안되는 고추를 딸 때마다 그걸 뭐하냐고 웃으면서도 새벽마다 널어주고 저녁이면 들여놔주고 김장 망치겠다고 한나절 배추벌레를 잡아준 정겨운 이웃덕에 난생 처음 김장을 해서 옆집 아저씨가 새로 묻어준 김장독에 켠켠이 넣었다. 까치밥만 남겨두고 감도 죄 따서 친지들에게 나눠주었다. 시레기랑 고춧잎도 말리고 무우오가리도 말리고, 콩도 팔고 햅쌀도 팔고, 창문마다 비닐을 대고 텃밭이랑 비닐집도 깨끗이 정리하고, 호박넝쿨이며 고춧대며 마른 삭쟁이며 불을 살랐다. 그리하여 순전히 이웃사랑에 완벽하게 월동준비를 끝낸 늦은 밤, 아이들 재우고, 옆집 아저씨가 대처 일나갔다가 실어온 잡목들을 아궁이와는 비교도 안되게 비경제적인 벽난로에 태우며 일렁이는 불길 속에 온 동네 마당 가득 널려 있던 빠알간 고추하며 콩 터는 소리를 세상에서 가장 아름다운 그림으로 노래로 떠올린다.

  시골살이가 문제가 없는 것은 아니다. 하제가 돌잡이니 육아문제로부터 자유롭지 못하다. 가사일도 바둑이랑 씨암탉 세 마리 등 식구도 늘고 시골살림에 더하면 더했지 줄어들지 않았다. 아름이도 또래가 없고 유치원은 너무 멀다. 우리 부부도 활동공간이 서울이다보니 한달에 열흘은 유목민처럼 떠돌아야 한다. 지금까지는 돌아갈 곳이 있고 반겨주는 이웃이 있고 눈을 뜨면 새벽안개 속에 산과 들과 내가 조금씩 제 모습을 찾아가는 그야말로 만물이 생화육성하는 자연 속에 사람들 속에 우리가 있다는 사실만으로 감격해하고 있지만, 천직인 논일밭일은 새벽이나 밤늦게 해치우고 아침마다 도시로 품을 팔러 떠나지 않으면 안되는 젊은 농군들의 조각난 하루와 우리의 그것은 전혀 다른 꼴을 하고 있으니 농촌문제가 곳곳에서 발에 채여도 붙들 수가 없다.

뿌리를 곧고 튼튼하게 내리고 싶지만 내쳐놓았던 텃밭엔 땅힘이 부친다. 소똥 닭기똥 퇴비를 몇년 두고 갈아엎어야 흙이 제 빛깔과 찰기를 되찾을 것이지만 거두기에만 급급한 삶은 손쉬운 화학비료를 쉽게 거부하지 못한다. 돌아서면 불쑥불쑥 비온 뒤의 새잎보다 더 잘 자라는 잡초들을 일일이 뽑아내기라니 도시살이 절은 게으름에 몸이 재질 못하고 제초제를 들이대는 이웃의 더없는 잔정을 뿌리치고 우직함을 강조하기에는 땅과 함께 살아온 내력이 없다.

그런데 못 말리는 것은 우리 네 식구에게 어느새 그리움이 생겨버렸다는 사실이다. 어디에 가든지 물안개 자욱한 저녁하늘, 낮은 산자락이 그리워 서성이기 일쑤고 바둑이랑 씨암탉 걱정에 밤을 젖히고라도 기어코 우리자리로 깃들고야 만다.

벌써 자기둥지를 단단히 틀어버린 걸까. 짚이랑 흙이랑 부지런히 물어다 우리 네 식구 오손도손 살고질 단꿈에 제비둥지만 높게 쌓아올리고 있는 건 아닐까.

들깨 털고 콩 털고 굽은 허리로 종일 들녘을 사는 앞집 할머니의 나무등걸 같은 손이 지칠지칠 밤빗장을 걸면 무지랭이지만 그 꽉찬 세월에 서른 일곱의 삶을 가차없이 부리질하기. 비료를 너무 많이 준 탓에 불을 맞아서 잎이 붉게 타들어가는 가을 아욱을 보면서 그저 자식이라면 물불을 안가리는 에미심정에 사정없이 부리질하기.

 겨울햇살이 새끼줄에 대롱대롱 매달린 누룩이며 메주를 따스하게 감싸안는 처마밑에 앉아서 삶이라는 걸 다시 생각한다. 갈라터지고 얼어붙고 저렇게 한줄기 햇살에 몸을 녹이기를 수없이 되풀이하고서야 제살에 스스로 곰팡이를 피우고 산산이 부서져 제맛이 드는 걸.

 딸로서 아내로서 며느리로서 엄마로서 살아지는 세월이 한 인간으로서 사느니스럽게 살고 싶은 삶의 길에 때로는 거대한 산이 되고 깊고 넓은 바다가 될지라도 쉬임없이 하루를 저어 가장 인간적인 삶의 벌판으로 나아가자면 일에는 겁없는 사람들의 장맛처럼 젓국처럼 곰삭은 끈기를 배우며 넘고 건너는 일을 멈추지 않을 일이다.

 겨울이 깊을수록 봄이 살가운 법. 가뭄과 한파를 제대로 맞아본 적도 없이 울며불었던 지난 세월을 부끄럼없이 펼칠 수 있는 용기도 그에 몰아칠 채찍의 바람맛을 제대로 느낄 수 있을 것 같은 이 겨울이기에 가능한 듯싶다.

 사랑에 겨운 어머니는 자식을 두 번 낳는다고 했던가. 한 번은 몸에서 낳고 한 번은 역사 속에서 낳고. 짓밟히고 빼앗기는 삶이 있는 한 인간의 진보지향은 끝나지 않을 것이라는 믿음을 주신 내 어머님들, 끝모를 사랑의 내 어머님, 지혜로우신 고모님, 어머니의 권위를 일깨워주신 시어머님, 그리고 아직도 한 소식을 기다리며 자식을 위해 한땀한땀 색동저고리를 지으시는 이 땅의 어머님들께 이 작은 책을 바친다.

 선뜻 그림을 그려준 옛친구 이인경과 오래오래 기다려준 한울 식구들에게 가슴겨운 고마움 전하며….

1994년 겨울 산척리에서
백원담

색동저고리 입고 꼬까신 신고

차례

첫/째/마/당 색동저고리 입고 꼬까신 신고

금줄을 건다 17
밴댕이 엄마 21
얘들아 오너라 달 따러 가자 25
하얀 이밥에 미역국 28
삼신할머니 고맙습니다 31
색동저고리 입고 꼬까신 신고 33

둘/째/마/당 바람 불어도 눈보라쳐도

나비야 나비야 39
도깨비 야흥 43
큰 이모의 그림 놀이 45
이이요 50
아빠의 맴매 52
엄마 내가 빨래 해줄게 55

눈 위의 네 발자욱　58
바람 불어도 눈보라쳐도　60

셋/째/마/당　나도 아빠처럼 될래요

기저귀를 접으며　69
이름을 찾아서　74
나도 아빠처럼 될래요　84
색색이죽　91
놀이방 찾아 뱅뱅　93
미운 네 살의 세상　97
인어 공주와 말괄량이 삐삐　101
말하부이와 200원　107
한글 나라　111
가을 소풍　115
혜정이 언니가 옥수수 뺏어 갔어　118
여우 오줌　121
놀이방에 안 갈래　124

넷/째/마/당 엄마의 첫발 떼기

맑은 샘물에 빨간 붕어 131
한겨울 동치미 냉면 136
남대문에서 139
좁쌀 베개와 동물 이불 142
너를 기다리며 145
금반지와 전당포 149
할머니의 수수팥떡 152
어린이날의 선물 154
겨울 나들이 157
아빠 그네 159
너울이 아빠 165
엄마의 요즘 고민 168
아름, 나의 사랑아! 170
찌찌 잘잘 176
가로막힌 철조망 178
여기도 우리 집이야 181
또 새해다 184
언니가 꼬 했어 186
엄마의 첫발 떼기 190
칠갑산 청결미 196

어느 날들 198
세시간의 이별 200
외할아버지의 환갑잔치 205

다/섯/째/마/당 **엄마의 노래**

너의 그리움은 215
하루, 그 짧은 날에 217
십사만육천이백원 220
콩밥을 지으며 223
안산에서 225
산다는 것 227
오늘은 230
안산에서 2 233
어머니 235

여/섯/째/마/당 **엄마가 만든 동화**

작은 배 이야기 241
심청이 이야기 247
곧은 목지 이야기 258

첫/째/마/당

색동저고리 입고 꼬까신 신고

아름이가 태어나던 날,
엄마가 된 기쁨과 경이로움, 고마운 마음, 바램들로부터
한 돌을 맞이하기까지 함께 살아간 이야기를
담아 낸 글들이다.

금줄을 건다

"예쁜 따님이네요, 정상입니다."

온몸에 남은 마지막 힘까지 사그리 불사른 뒤, 까마득히 울려오는 소리. 정말 네가 태어난 것일까? 이 세상에 엄마 뱃속에서 280여 일의 긴 시간을 동고동락하더니 정말 드디어 아무 탈없이 살아나온 걸까?

긴 복도 끝, 진통의 여진에 떨면서, 배 한가운데가 뻥 뚫린 듯 엄습해 오는 한기 속에서 가까스로 정신을 가다듬는다. '이젠 끝났어, 나의 아기가 태어났다고. 아무 일도 없을 거야.'

또 얼마의 시간이 흘렀을까. 입원실로 들어오자 아빠는 그제껏 흥분이 가시지 않는 듯 얼굴이 발갛게 상기되어 눈길을 맞춘다.

"수고했어. 혼자 분만실에 들여보내 놓고 장장 일곱 시간을 얼마나 노심초사했는지. 물어 봐도 기다리라고만 하지. 문에다 귀를 대고 들어 봐도 아무 소리도 안 나지. 어떻게 된 줄 알고 얼마나 걱정했다고. 이제 무사히 아이를 낳고 누워 있는 거 보니까 됐어."

"우리 아가 봤어?"

금줄을 건다(이인경 그림, 캠퍼스에 유화, 24×30.5cm)

"응, 누굴 닮았는지 잘 모르겠어. 당신 닮은 것 같기도 하고."
"아빠된 기분이 어때?"
"잘 모르겠어. 어때?"
"정상입니다. 그러니까 눈물나더라. 그런데 허전해. 뭔가 아직도 많이 치러야 할 일이 남아 있는 것 같애. 엄마 생각도 나고. 엄마는?"
"기다리시다 가셨어. 내일 출근하셔야 하잖아. 가시고 십 분쯤 있으니까 간호사가 애기를 안고 나오더라. 전화해 드렸어."
"어머니도 같이 가셨어?"
"가시는 길에. 전화 드렸어."
"섭섭하시대?"
"그렇지 뭐, 신경 쓰지마. 혼자 힘들었지? 다른 병원은 바로 문밖에 서 있으면 소리도 들리고 아빠가 같이 들어가는 병원도 있다는데. 욕많이 했겠다. 어쨌든 건강한 아이 쑥 낳아서 다행이야."
"차라리 혼자 힘드는 게 나아. 옆에 있어 봐야 안쓰럽기만 하지 뭐. 그런데 하늘이 노래져야 애가 나온다는 말, 정말이더라. 더는 못 낳겠어. 이렇게 힘든 데 어머니들 어떻게 그렇게 많이 나셨을까?"
"다 잊어버린다잖아. 그만 이야기하고 좀 쉬어. 아직 날 밝으려면 멀었어. 어떻게 하면 좋은 엄마 아빠가 될 수 있을까만 생각하면서 푹 자."

아가, 아직 얼굴도 보지 못한 우리 아가,

그래, 엄마 아빠는 네가 이 세상에 무사히 태어나 우리를 엄마 아빠가 되게 해준 것만으로도 너무너무 고맙다. 너를 기다려 온만큼 정말로 좋은 엄마 아빠, 나아가 이 세상을 함께 살아가는 가장 가까운 사람으로서 온 사랑을 다할 것을 약속한다. 다만 너 또한 딸이기에 임신과 산고의 고통을 물려받아야 하는 것, 그리고 이 엄청난 남성 중심의 가부장적 질서 속에서 단지 여자라는 이유만으로 너에게 씌워질 덮개, 사슬이 안타깝다. 그러나 엄마가 그랬듯이 너도 잘 헤쳐 나갈 것을 믿어 의심치 않는다. 그런 의미에서 엄마와 너는 이 세상의 모순을 함께 깨쳐 나갈 동지로 첫 판부터 맺어진 것이다. 아빠 역시 성적 차별에 매이지 않는 정말 멋진 남자이므로 우리 세 식구 모두 사람이 사람을 짓밟고 사람 위에 군림하는 어떠한 비인간적인 것에 대해서도 함께 대처해 나가는 든든한 가족이자 진정한 동지가 될 것이다.

병원이 아니고 집에서 너를 낳았다면 옛날 우리 풍속대로 방 한쪽을 정갈히 치우고 미역국과 이밥을 한 상 따뜻하게 차려 너를 점지해주신 삼신할머니께 정말로 고맙다고 온 식구가 큰절을 올리겠건만 그럴 수 없는 것이 못내 아쉽구나. 삼신할머니라는 어떤 존재외적 존재, 관념적 허상을 섬겨서가 아니라 엄마와 아빠를 하나로 맺어지게 해서 너를 이 세상에 보내준 먼 조상님에게 고마운 마음을 전하고 싶은 거란다.

실은 지금이라도 거리에 나설 수만 있다면 어둠 속을 달려오는 저 새벽을 가장 먼저 가슴 겹게 맞으며 이 세상을 다 가진 듯 크게 심호흡하고 너를 맞은 기쁨을 소리지르고 싶다.

'우리 아기가 태어났다!'

쩌렁 아침을 깨우며 가벼워진 몸으로 온 세상을 마냥 내달리고 싶다. 그리고 돌아와 하얀 이밥과 따끈한 미역국으로 몸을 녹이며 너에게 먹일 맛있는 젖을 준비하련다. 그러면 너는 대지의 기운을 빨아들이듯 힘차게 젖을 빨며 푸근한 잠 속에 빠져들며 내일을 꿈꾸겠지. 아! 이 품에 지금 네가 안겨 있다면 우렁차게 대지를 들깨우는 큰소리로 울어댄들 어떠리….

엄마와 아빠는 새끼를 왼쪽으로 꼬아서 금줄을 건다. 이 세상 모든 잡귀 잡신, 액이란 액, 살이란 살은 얼씬도 못하도록 푸른 소나무 가지와 숯덩이를 사이사이 끼어 온 마음의 금줄을 처마 끝에 맨다.

밴댕이 엄마

　퇴원 수속을 마치고 신생아 실에 가서 너를 처음 안아 들었다. 꼭 감은 두 눈, 평온히 잠든 얼굴. 준비해 온 옷으로 갈아 입히려 배냇저고리를 벗기자 부서질 듯 가녀린 팔과 다리. 마침내 너를 품에 살포시 안아 들고 병원 문을 나서 차를 타고 비로소 엄마는 안도의 한숨과 말로 다할 수 없는 감격을 몰아쉰다. '정말 우리 아가가 세상에 태어나 여기 이렇게 살아 있구나!'
　하지만 아가, 엄마는 네게 첫판부터 고백할 게 하나 있다. 너를 맞으러 신생아 실에 들어가기 전까지 엄마는 몹시 화가 나 있었다. 이제서야 제정신이 들어서 엄마가 얼마나 이기적인가를 네게 실토하지만 사실 아까 퇴원 수속을 하던 그때, 엄마는 차마 말도 못하고 내내 속을 끓였구나. 다름아니라 엄마는 엄마와 아빠 둘이 사랑을 싹틔우고 그 오랜 세월 속에 너라는 존재를 우리 사랑의 실체로 맞게 되었으므로 엄마 아빠의 이제까지의 삶을 한 걸음 나아가 새롭게 길잡아 가지 않으면 안된다는 생각 속에서 우리 세 식구의 새로운 시작을 다짐하고 싶었다. 우리 집에서 정말 우리 세 식구가 새 출발하는 각오를 다지고 싶었던 것이다.

 그러나 아빠에게 그렇게 당부, 간절히 부탁을 했음에도 불구하고 막상 할머니가 오셔서 할머니 댁으로 가야 한다고 하시자 아빠는 아무 소리도 않고 슬쩍 나가 버리는 것이 아니겠니? 외할머니가 학교에 나가시니 외갓집에서 몸조리를 하기는 어려운 형편이기도 했거니와 몸조리조차도 엄마와 아빠의 힘으로 해내야 한다는 것이 너를 맞아 부모가 되는 마음가짐으로 생각했었다. 그런데 이게 뭐냐. 엄마는 너무 속이 상해서 말도 나오지 않고 아빠의 무책임함과 며느리의 의견은 안중에 없는 할머니의 일방적 결정에 무척 화가 나 있었다. 한심하지. 너를 있게 해준 아빠가 바로 너의 할머니시고 너의 탄생은 엄마 아빠의 기쁨이자 할머니, 할아버지, 외할머니, 외할아버지 모든 식구들의 기쁨이요, 충격인 것을 엄마는 왜 이렇게 밴댕이 속이더란 말이냐. 차 안에서 너를 안고 연신 웃음을 지으시는 외할머니의 기뻐하시는 모습을 보면서, 며느리에게 미역국 한 그릇이라도 따뜻하게 끓여 주시고 싶은 할머니의 마음을 조금씩 헤아리기 시작했다. 딸이라고 섭섭해하시던 할머니의 그 표정이 엄마를 속상하게 하다가 급기야 이런 식으로 반발했던 것일까. 아무튼 서른 세살 나이만 먹었지 헛살은 이 밴댕이 엄마는 할머니가 안방을 깨끗이 치우고 엄마 옆자리에 너의 이불을 예쁘게 깔아 놓으신 걸 본 그때서야 비로소 정말 엄마가 얼마나 한심한 사람인지를 새삼 확인했다.

 사실은 엄마와 아빠는 각자 자라 온 환경이 너무 다르거든. 그래서 아무리 사랑과 신뢰를 가지고 있다 하더라도 그 동안 실제 생활에서 많이 부딪치지 않을 수 없었단다. 엄마 아빠 자신들의 문제에서 비롯되는 것이라기보다는 대개는 엄마로서는 시댁인 너의 친가의 풍속과 엄마가 자라 온 외가의 풍속이 워낙 다르다 보니까 집안 문제로 닥치는 정말 예기치도 않았던 일이 참으로 많이도 벌어지더구나. 특히 아무런 준비도 하지 않았는데 며느리라는 이름에 요구되는 일들 앞에서 엄마는 그만 아연. 사람들이 보통 살아가는 방식으로 이해하려 해도 일방적 감내란 말처럼 쉬운 일이 아니더구나. 엄마가 어떻게 살아가는지 일일이 설명해야 하는 일은 할수록 구차해지고 감당하자고 발버둥쳐도 안팎으로 비가 새고. 따라서 엄마는 너를 맞이하고 키우는 것만큼은 스스로 조건을 만들고 나름의 방식으로 해야겠다고, 그것이 엄마로서의 의무이자 권리라고까지 고집하기에 이른 것인가 보다.

밴댕이 엄마라서 실망했니? 그래. 이게 엄마야. 완성된 인간형이 아니라 앞으로 살아가면서 매일매일 새롭게 자신을 다져 가고 빚어 가야 하는 그저 보잘 것 없는 사람이 바로 네 엄마란다. 그러나 열심히 노력할게. 너에게 좋은 엄마, 가장 아름다운 사람이 되도록 힘을 다할게. 우리 아가 잘 지켜봐 주겠니? 엄마는 바로 너로 인해 한가족이라는 울타리에 대해 새롭게 인식하게 됐음은 물론 엄마 아빠 그리고 너로 이루어진 우리 세 식구의 앞으로의 삶에 대한 설계와 함께 우리의 오늘을 있게 해준 두 가족의 지난 삶의 역정과 그 내일에 대해서도 새삼 되돌아보게 되었으니 너의 맑게 빛나는 눈빛이 이제부터 엄마의 거울이로구나.

그래, 아가. 정말 우리 식구만 붙들고 편히 잘살겠다는 가족 이기주의가 아니라 이 사회의 건강한 일원으로서 우리 가족의 삶 그 자체가 사회와 역사의 전진에 보탬이 될 수 있도록 엄마 아빠 그리고 너, 우리의 첫발은 이렇게 서로의 문제를 확인하고 해결하고자 노력하는 마음으로부터 힘차게 내딛는 거다.

얘들아 오너라 달 따러 가자(이인경 그림, 캠퍼스에 유화, 24×30.5cm)

얘들아 오너라 달 따러 가자

　소젖을 비닐 젖꼭지로 먼저 먹어 본 탓에 진짜 네 먹거리인 젖을 제대로 빨지 못해서 엄마는 여간 속이 타는 게 아니다. 자꾸만 뱉어내며 있는 대로 짜증. 한 시간을 넘게 실갱이 하던 끝에 겨우 물긴 물었는데 이번엔 또 너무 많이 나온다고 성질. 엄마와 식구들을 한바탕 혼쭐을 내놓은 뒤에 너는 간신히 잠이 들었다. 그리 난리를 칠 때는 있는 대로 얼을 빼놓더니 잠든 네 모습은 얼마나 평화롭고 고운지. 모두들 신기해서 또 한 번 넋을 놓았지. 그리고 행여 깰세라 살짜기 문을 닫고 일상으로 돌아들 갔다.
　그리하여 아가, 이제 엄마랑 너랑 단둘이 처음 시작의 시각을 맞는다. 이때를 얼마나 기다렸는지 아니? 이 순간, 엄마에게 안겨 처음 젖을 물고 잠이 드는 바로 지금 이 순간이 오면 엄마는 세상에서 가장 아름다운 노래를 네게 불러주리라 마음먹었지.
　어떤 노래일까. 이 세상에서 가장 아름다운 노래. 너와 나를 오늘에 있게 한 이 세상을 일궈 낸 사람들의 이야기야. 네가 처음 맞닥뜨린 이 세상은 그냥 하늘에서 뚝 떨어진 것이 아니거든. 사람들이 오랜 세월을 거쳐 자연과 싸우면서 살아 나가기에 알맞도록 조금씩 조금씩 자연을 개조하고 변화시켜 마침내 삶의 터전으로 일구어 낸 것이란다. 아주아주 꼬꼬지할아버지 꼬꼬지할머니 때부터 혹독한 추위와 무더위를 견디고, 비, 바람, 눈발을 헤치면서 거대한 산악과 끝없이 아득하기만 한 바다. 들짐승, 날짐승 하다못해 작은 벌레 이름 모를 들풀과도 싸우며 마침내 삶터로 다져 낸 것이지. 그러나 사람이 사람을 괴롭히고 가진 자와 안 가진 자로 갈라지고, 가진 자가 안 가진 자를 지배하고 억누르고 빼앗기 시작하면서 진짜 삶터는 무너져 가고 그래서 그것을 다시 일으키고자 하는 힘겹게 저어 온 우리 선조들의 노력 또한 피어린 역사를 이루며 오늘에까지 굽이치고 있단다. 그러나 거기엔 아픔만이 여울져 있는 것이 아니다. 오히려 그 아픔을 넘으려는 사람들의 하나 같은 바램, 단꿈이 구비마다 아롱지고 사람들은 그 꿈에 젖어 또 한없이 밤길을 저어 갔으려니. 그런 사람들의 삶의 내력, 꿈은 우리에게 전해 오는 많은 옛이야기, 노래, 춤으로 꾸며져 오랜 세월 전해져 내려오고 있지. 또 세월 따라 흘러오는 동안 사람들의 다양한 삶의 내용에 따라 더욱 깊고 넓게 여울지며 형식도 새롭게 꾸며져 오늘에까지 이어져 오고 있단다. 엄마는 그런 이야기, 노래, 춤 등을 너에게 다 들려주고 보여주고 싶다. 하지만 오늘은 그러한 사람들의 꿈에 어린 고운 노래 한자리를 너에게 들려주려 하니 아가야! 귀기울여 보렴.

    애들아 오너라 달 따러 가자
    장대 들고 망태 들고 뒷동산으로
    뒷동산 올라가 무등을 타고
    장대로 달을 따서 망태에 담자
    저 건너 순이넨 불이 없어서

밤이면은 바느질도 못한다더라
애들아 오너라 달을 따다가
순이 엄마 방에다가 달아드리자

들고 있니? 어떠니? 엄마가 들려주는 첫노래. 엄마는 부를수록 한밤중에 순이 엄마를 위해 달을 따러 장대 들고 망태 들고나서는 한 무더기의 아이들, 무등을 타고 장대를 높이 들고 달을 따서 큰소리로 밤 속을 뚫고 기운차게 순이네 집으로 달려가는 개구지들 모습이 선하게 어리는구나. 엄마는 네가 이다음에 커서 이 노랫말처럼 다른 사람의 아픔을 울 줄 알고 그를 해결하기 위해 온몸을 바치며 그러나 그 속에서 넉넉하고 밝은 마음을 잃지 않는 그런 사람이 된다면 더 바랄 나위가 없겠다. 고운 꿈속에 내일 꿈을 무럭무럭 키워 나가거라. 나의 아가야.

하얀 이밥에 미역국

우리 풍속에 산모가 출산하고 나면 반드시 이밥과 미역국을 먹는다고 한다. 미역에는 조혈 성분이 있어 엄마의 몸을 빨리 추스르게 할 수 있을 뿐 아니라 젖을 많이 나오게 하는 좋은 영양분을 가지고 있어서 아가를 위해서도 더없는 먹거리가 되기 때문이지. 옛날에는 한 집안에 임산부가 있어 달이 차 오면 짚자리와 기저귀, 쌀, 미역을 장만하여 놓고 기다렸다가 아기가 태어나면 아기를 아래로부터 위로 훑어 깨끗하게 씻기고 나서 곧 하얀 이밥과 미역국을 내었다고 한다. 방의 서남쪽 구석을 정갈히 하고 상위에 이밥 세 그릇과 미역국 세 그릇을 정성스럽게 차려 아이를 점지하여 주신 삼신 할미께 상을 올렸는데, 사흘째 되는 날, 이레째 되는 날 및 이칠일, 삼칠일 그리고 백일에도 이와 같이 하였다는구나. 호산지신(護産之神), 곧 아기가 무사히 태어나는 것을 지켜 주는 신이 셋이기 때문에 삼신이라고 하기도 하고, 우리말로 태(胎)를 삼이라고 하므로 태신은 삼신, 곧 우리말 삼(태)을 숫자 삼으로 새겨서 태신을 삼신이라 하였으니 이것은 아마 억지로 끌어다 붙인 것일 테지. 또 산신이라는 뜻이 삼신으로 되었다는 설도 있더구나.

그러나 삼신이 누구건 이런 애 낳는 풍속에는 가난한 우리 조상들의 살림살이 모습, 그 생활의 어려움을 이겨내던 옛어머니들의 지혜로움이 절절히 배어 있지. 우리 조상들은 주로 농사를 지으며 살았거든. 그러나 죽도록 벼농사를 지어 가을이 되어 가을걷이 나락을 털어도 그 쌀로 하얀 이밥 한 번 실컷 지어 배불리 먹을 수가 없었다. 나라에 조세를 바치고 양반사대부들에게 장리 변을 갚고 나면 빈털터리. 그래 입에 풀칠은 해야 하니 또다시 장리 쌀을 내고 그렇게 해마다 허리가 휘도록 일을 해도 느나니 빚이요, 돌아오는 것은 보리 고개에 눈이 돌아간 어린 것들의 말라붙은 뱃가죽. 그러나 사람으로서 사람을 이어가는 일 또한 삶을 지탱하는 중요한 일의 하나가 아닐 수 없겠지. 태어나는 아이 또한 주림과 병마에 시달릴 터이지만 그러나 산 입에 거미줄 칠라고 어느 집안이고 애가 태어나는 일은 가장 큰 경사였고, 온갖 액과 살이 닥쳐와도 산모와 갓난쟁이만은 살리고자 온 힘을 다했던 것이다. 삼신할머니라는 우상 또한 아이와 어미를 지켜 주는 신적인 존재로 가상화되어 있지만 그것은 다름 아닌 한평생 빼앗기기만 한 삶들의 자기를 지키고 일으켜 가는 끝모를 힘의 소산이라고 해야 할 것이다. 있는 놈들이야 다른 음식은 부정타고 어쩌고 하며 삼신이라 미역국 세 그릇과 이밥 세 그릇을 푸짐히 놓고 이레째, 이칠·삼칠일 백일 때마다 제 자식 살을 막아 달라고 갖은 노릇을 다해 가며 법석을 떨었겠지. 그렇지만 입에 풀칠하기도 힘든 일반 백성, 상놈 집안에서야 어디 꿈이나 꿀 일이야. 그러니 삼신할머니께 정성을 올린다는 빌미로 애를 낳은 뒤 다만 이삼일만이라도 짚자리 위에 개다리소반이지만 정갈히 상을 차려 아이를 낳은 어미의 허기를 채우고 풍부한 젖을 아이에게 먹여 참다운 일꾼으로 건강하고 무럭무럭 자라라고, 부디 튼튼히 자라 이 막돼먹은 세상을 뒤엎고 진짜 일하는 사람이 주인된 세상, 하얀 이밥에 고깃국을 실컷 먹는 꿈의 나라를 세울 타고난 힘꾼, 출중한 지혜를 가진 장사로 자라기를 비나리 하였던 것이다.

아가, 할머니는 네 명이 길어야 한다며 앞마을 꽃다운 처녀의 삼단 같은 머리채처럼 반지르르 윤기가 도는 미역에 칼을 대지 않고 손으로 자르고 훑고 치대어 참기름과 소고기를 듬뿍 넣고 나른하게 끓여서는 하루 네 차례씩 상을 차려 주신다. 그러나 엄마는 앉아서 받아먹으며 이래저래 바늘방석이다. 옛날에 딸을 낳으면 한 칠일이요, 아들을 낳으면 칠칠일을 누워 있는다고 했는데 네가 딸이라서가 아니라 오늘의 대다수 일꾼, 노동자, 농민 등 이 땅의 일하는 사람들의 아낙들 가운데 아이를 낳고 이 하얀 이밥에 미역국을 한 달여 앉아서 받아먹을 수 있는 사람이 얼마나 될까? 수천 수백 년이 흐른 지금도 그것은 까마득한 꿈으로 오늘의 노동을 비껴 가고 있으니 이제 겨우 열흘을 지냈건만 누워 있는 자리가 편치를 않은 것이다.

몸조리를 못해 퉁퉁 부운 채, 오늘도 일터로 나설 그네들의 밥상엔 무엇이 놓일까.

삼신할머니 고맙습니다

아름.

　오늘이 네가 세상에 나온 지 꼭 백 날 째 되는 날이다. 옛날에는 이러저러한 이유로 갓난아이들이 많이 죽었기로 백 날까지만 살면 아이가 오래도록 무병 장수한다는 내력이 있어 태어난 지 백 날 째 되는 날을 기념했다지만 요즈음이야 의학이 잘 발달되어 있어 백 날이 별로 빛나 보이지 않지. 그래도 엄마 아빠는 네가 이 세상에 아무 탈없이 백 번째 아침을 맞는다는 사실에 어린애처럼 감격해서 가족들과 가까운 친지들과 함께 너의 백 날을 축하하기로 했단다. 네가 열 달 동안 머물렀다 엄마 몸을 빠져나간 지 꼭 백 일, 너를 낳느라 연해졌던 온몸의 뼈마디가 제 자리를 잡고 새로운 피가 생성되어 이제 정상으로 돌아오는 때가 꼭 백 일째 되는 날이라고들 해서 엄마 역시 새로운 출발을 기리는 겸 오늘을 의미 있는 날로 새기려 하는 것이다.
　무엇보다도 너를 점지해 주신 삼신할머니께 다시 한 번 고마운 마음을 전하자꾸나. 예로부터 우리나라 민간엔 삼신할머니가 빨간 실과 파란 실을 가지고 여자아이와 남자아이를 점지해 주신다는 이야기가 전해 오지. 할머니는 잡귀를 쫓고 살을 막아 준다는 수수팥떡을 손수 만드시고 백 사람과 나눠 먹으면 아이가 백 살까지 무병 장수한다는 백설기를 찌시고 미역국을 끓이고 하얀 이밥을 해서 삼신할머니 드시라고 안방에 밥상을 차려 드렸단다. 엄마보고 빌라고 하셨지만 막상 무슨 말을 해야 할지 그저 너를 보내 주셔서 고맙습니다 하고 부디 몸 건강히 탈없이 이 사회와 역사를 위한 한 자루의 보습이 되도록 지켜봐 달라고 말씀드렸지.

아름, 오늘은 그래도 평소보다 점잖게 오신 손님들을 위해 웃기도 하고 잠도 잘 자고 정말 착하구나. 많은 손님들이 너의 백 날을 축하해 주시러 이 먼 곳까지 와 주시고 조촐한 음식상이나마 맛있게 들고 가니 엄마는 피곤한 줄도 모르고 이리저리 정신없이 뛰어다닌다. 워낙 신세진 사람 인사 드는 사람들이 많아서 아직 이삼일은 더 너의 백일 상을 차려야 하지만 엄마는 그저 이것이 사는 거다 싶게 행복감에 젖어 있다. 아빠도 너를 안고 연신 웃으시며 그렇게 좋으냐고 사람들이 놀려도 부끄러운 줄도 모르신다.

새로 두 시가 되어서야 대강 정리를 하고 방 한가운데 수북히 쌓인 선물들. 외할머니는 당신으로서는 처음 맞는 손주의 백 날에 감회가 새로우신 듯 정성을 다해 키우라고 네 서랍 장을 마련해 주셨고, 외고모할머니는 작은 팔찌를 네 가녀린 손목에 걸어 주시며 외할머니가 학교에 나가시면 툭하면 병이 나서 애를 먹이는 엄마를 암죽을 먹여 일으키시던 옛 생각에 눈빛을 흐리셨다. 그밖에 여러 손님들의 나름대로 뜻이 담긴 애틋한 정성 하나 하나에 가슴 겨워하며 엄마 아빠도 너의 백 날을 정말로 기뻐한다.

부디 건강하고 씩씩하게 잘 자라 다오.

색동저고리 입고 꼬까신 신고

 꼭 한 돌을 맞는 이아름! 결코 짧지 않은 그 시간들을 너는 정말 건강하고 씩씩하게 잘 헤쳐 왔다. 머리카락이 아직 솜털 수준이어서 아쉽기는 하지만 키도 많이 크고 의사 표현도 분명해진 게 이제 사람으로서의 모양새를 제법 갖추어서 엄마 아빠는 여간 흐뭇한 것이 아니다.
 그러나 정말 미안하게 됐구나. 집을 떠나 첫돌을 맞게 되다니, 엄마 아빠도 이렇게 졸지에 괴나리봇짐을 싸 들고 밤길을 나서게 될 줄을 꿈엔들 생각했겠니? 젖을 뗀 지 얼마 되지 않아서 먹는 것도 부실한데 그제, 어제 연 이틀 밤을 집이 아니라 낯이 설다고 내 울어대서 속이 탔었다. 그러나 오늘은 네 돌날인지 아는지 아침부터 핼쑥한 얼굴이지만 예의 방글방글 환한 웃음을 짓고 뒤뚱거리며 사방을 쏘다니는 너를 보고 안도의 한숨을 쉰다.
 여기가 어딘지 아니? 외고모할머니 댁이야. 집을 새로 지으시느라 혼자 많은 고생을 하셨는데 새집에 이사를 하자마자 우리 세 식구 난데없이 밤길을 타고 피치 못할 사연과 짐보따리를 풀어놓게 되었구나. 엄마의 지난 삼 년의 수배 길, 고모할머니는 누구보다도 애를 태우셨

색동저고리 입고 꼬까신 신고(이인경 그림, 캠퍼스에 유화, 24×30.5cm)

지. 한밤중에도 불현듯 들이닥칠까 뜬눈으로 밤을 지피신 마음고생이야 두말할 것도 없고, 어디 가서 밥이나 굶지 않는지, 소리소문 없이 잡혀가 죽도록 고문을 당하고 쥐도 새도 모르게 버려진 것은 아닌지. 행여라도 소식이 닿으면 전해주마고 옷이며 음식이며 꽁꽁 싸두었다간 풀고 다시 싸두었다간 풀기 수백 번. 그때 놀란 가슴에 여지껏 벌떡증이 난다고 여느 조카와 고모 사이가 아닌 갓나자마자 핏덩이 적부터 암죽을 끓여 먹이며 키운 정이 끝모를 사랑으로 깊어 혼인을 하고 애엄마가 된 이제껏, 하는 일마다 걱정이 앞선다고 마음을 놓지 못하시지. 그런데 또 이렇게 찾아 드니 행여 마음 상할까 말씀은 안하셔도 얼마나 기가 막히실까? 안방을 내주고 마루 한쪽 끝에 누우신 고모할머니의 소리 없는 한숨은 지난 이틀 밤 내내 엄마를 된 방망이로 두들겨 깨우며 잠못드는 네 울음소리에 엉겨 메아리쳤다.

애비에미가 아무리 못나도 자식에게 돌잔치도 못해 줘서야 쓰겠냐고 '우리 아름이가 어떤 아이인데' 혀를 끌끌 차시며 엊저녁 내내 떡이랑 음식 장만하시랴, 돌에는 세상 없어도 색동저고리와 빨간 치마를 입혀야 한다고 온 시장을 뒤져도 마음에 드는 게 없어서 급기야 맞춤을 했는데 아침까지 가져다주기로 해서 한시름 놓이신다고 엄마는 얼씬도 못하게 홀로 돌맞이 채비에 분주히 뛰어다니신 고모할머니.

너의 친가 어른들께는 알릴 처지가 못되고 외증조할머니, 큰외할아버지, 큰외할머니 외할머니와 이모들, 외삼촌 등이 뒤를 조심하며 축하를 하러 와 주시니 불안함 속에서도 집안은 웃음소리가 가득하고, 엄마 아빠는 상황이 급박한 것도 다 잊어버렸다. 오늘밤 다시 정처없이 길을 떠나야 할지라도 지금만큼은 네 돌잔치, 고모할머니께서 이처럼 눈물겹게 마련해 주신 돌상을 욕되지 않게 해야 할 것 같구나.

정성어린 돌상을 받고 연필을 집어들고 쌀을 있는 대로 흐트러 놓으며 외할머니께 쉬임없이 쌀을 집어드리는 아름!

천진하게 웃는 네 모습이 부스럼이 잔뜩 나서 홀라당 깎아버린 까까머리에 색동저고리, 치마를 입고 연필과 국수를 집어들고 의기양양하게 서 있던 엄마의 돌 때 그대로라고 외할머니와 고모할머니는 그 옛날 엄마를 키우던 감회에 연신 눈물을 훔치신다.

온갖 빛깔의 천을 모아 조각조각 이어서 한땀한땀 꿰매고 저고리 섶까지 색동으로 수놓은 우리네 전통적인 때때 돌 옷인 색동저고리를 입고 마냥 즐거운 아름!

네가 입은 그 때때옷에는 그 고운 빛깔들처럼 밝게, 한곳에 치우치지 말고 어우러지며 살라는 뜻이 꼭꼭 담기어 있지. 멋스러우라고 일부러 이어 붙인 줄만 알지만 사실은 옷감이 귀했던 그 옛날 짜투리천을 모아 자식들을 위해 알뜰하게 엮어 낼 줄 아셨던 우리 어머니들은 삶의 다양한 모습을 고운 빛깔로 보여주고 그것의 어우러짐을 일러줌으로써 아가가 앞으로 어떠한 일에 닥치더라도 슬기롭게 그 어려움을 넘어설 수 있는 힘과 눈썰미를 길러 주고자 했던 것이다.

족두리 내팽개친 지는 오래고 무엇에 뒤틀렸는지 한바탕 울어제끼다 주발에 담긴 쌀을 죄 엎질러 놓고 다시 퍼 나르기에 여념이 없는 아름! 고모할머니는 예쁜 꽃버선과 꼬까신까지 마련해 놓으셨구나. 뒤뚱뒤뚱 한두 발 떼다간 엎어지고 또 일어서 대뚱거리다가는 주저앉는 걸음걸이지만 이제 호흡을 가다듬고 이 세상을 향하여 힘차게 첫발을 떼어 보렴. 색동저고리 입고 꼬까신 신고 의연하게 네 삶의 첫돌을 기운차게 내딛는 거다.

둘/째/마/당

바람 불어도 눈보라쳐도

아름이가
세 달에 접어들 무렵부터
두 돌이 넘기까지의 성장 과정을
엄마의 눈길과 느낌으로
적어 본 것이다.

나비야 나비야

아름,

　네가 태어난 지 벌써 세 달. 이제 너는 혼자 뒤집기도 하고 엄마도 알아보고 네가 살아갈 방도를 마련하는 양 이리저리 사방을 둘러보며 눈으로 무언가 끊임없이 이야기하고 있다. 엄마가 정성스럽게 만들어 놓은 동물 그림을 너는 유난히 눈여겨보는 눈치더구나. 아직은 한자 정도밖에 안 보인다고 하지만 엄마는 그 말이 믿기지 않는다. 너는 1미터 밖에 있는 동물 그림들을 보고 엄마가 이야기해주면, 그것을 향해 뚫어 지게 보고 있기도 하고 무언가 납득이 가지 않는 표정을 짓기도 하거든. 그리고 한 달 전부터는 네 머리 위에 색색 가지 나비 모빌을 달아 놓고 나비야 나비야 노래를 불러 주었는데 오늘은 엄마가 나비야 노래를 부르니 네가 눈을 위를 향해 보는 것이 아니겠니? 저녁 늦게 들어온 아빠보고 그랬더니 말도 안된다고, 25센티밖에 안 보인다고 주장할 때 는 언제고 세 달밖에 안된 애가 노래 소리를 듣고 나비를 보다니, 애기 엄마는 어쩔 수 없이 거짓말쟁이가 된다더니 엄마도 별 수 없다고 놀리더구나. 그러나 네가 밤에 깨서 젖을 먹이고 잠시 노는 틈에 나비야

나비야 나비야(이인경 그림, 캠퍼스에 유화, 24×30.5cm)

노래를 불러 주니, 너는 또 곧바로 머리 위를 바라보고, 그것을 목격한 아빠는 신기해하면서 못 부르는 노래로 나비야를 부르고, 너는 다시 눈을 들어 머리 위를 보고, 이렇게 해서 아빠 역시 영락없는 거짓말쟁이가 되고 말았지.

아름! 엄마 아빠는 네가 사물을 알아본다는 사실이 너무도 신기해서 입을 다물지 못했다. 이 세상에 태어난 이상, 자연 속에 태어나 자연과 더불어 사는 자연적 존재임과 동시에 이 사회의 일원으로서 다양한 사회적 관계를 맺고 살아가야 하는 사회적 존재로서의 너를 깨달아 가고 있음을 너의 눈빛에서 읽어 냈기 때문이야.

사람으로서의 너에게는 두 가지 측면이 있단다. 우선 이제부터 너는 네 삶의 주인으로서 세계로부터 독립되어 있는 존재이다. 네 나름대로의 자율적 사고와 행동으로 이 세계 속에 나아가게 되는 거지. 그러나 너는 혼자 살아가는 것이 아니라 이 자연과 사람이 어우러져 사는 세계의 일부로서 세계와의 끊임없는 관계 속에서 존재하게 되지. 네 몸과 마음의 주인으로서의 이 세계 속에 유일한 너와 그러나 너와 똑같은 사람과 모든 살아 있는 유형 무형의 생명체들과의 다양한 관계 속에서 그 관계의 주체로 살아갈 너, 네 속의 이 두 가지 측면은 따로 떨어져 있는 것이 아니라 하나로 아우러져 있는 거란다.

지금 네가 만나는 세상은 저 무턱대고 흔들면 흔들리는 나비와 그림 속의 붙박이 동물들, 너를 한없는 사랑으로 지켜보고 있는 엄마 아빠, 가족 친지들 등이 존재하고 움직이고 있는 작은 세상이지만 그 속에서도 많은 일들이 일어나고 부대끼면서 너는 너의 세계를 열어 가는 눈을 틔우고 방법을 깨달아 가겠지. 엄마는 조심스레 네가 앞으로 만나게 될 세상을 열어 보인다. 엄마의 이런 일방적 노력은 아마 조만간 빛을 잃겠지. 다만 사람으로서의 가장 원초적 의식이 싹트기까지 보다 다양하게, 한 쪽으로 치우치지 않고 이 세상이 움직이고 앞으로 나아가는 과정을 나름대로 꿰뚫어 볼 수 있는 혜안과 모든 사물과 인간에 대한 깊고 넓은 애정을 품는 따뜻한 가슴, 불의를 보면 의연히 일어설 수 있는 열정을 가질 수 있도록 너를 둘러싼 주변 환경을 만들어 가고자 하는 것이 엄마의 지금 마음이란다.

도깨비 아흥

아름! 드디어 해냈구나.
거울에다 아기 도깨비 그림을 오려 붙여 놓고 칭얼거리면 안아 들어 거울 놀이를 하면서 '도깨비가 어흥, 아름이하고 놀자 그러네' 그러면 뚝하고 울음을 그치더니 꼭 일주일 만인 오늘. 잘 놀다가 갑자기 울어 제끼기에 안아 들고 거울 앞에 가서 '도깨비가' 하니 언제 그랬냐는 듯이 맑은 얼굴로 '아흥.' 엄마는 너무 신기해서 다시 '도깨비가' 하니 너는 생글거리며 '아흥.' 드디어 엄마가 흥분해서 몇 번이고 '도깨비가' 그러면 너는 '아흥.' 지치지도 않고 엄마와 너의 도깨비놀음은 오전 내내 계속됐구나.
지금 너는 젖을 물고 졸려서 온몸을 비비꼬고 머리를 박박 쥐어뜯으면서도 엄마가 '도깨비가' 그러면 반쯤 감긴 눈을 샐쭉 웃으며 '아흥.' 몇 번을 그러다 고운 얼굴로 잠이 들었다. 이불을 덮어 주고 일어서다 거울 한 번 쳐다보고 아기 도깨비를 보며 '아흥', 네 흉내를 내본다. '정말 내 곁에 네가 살아 있구나', 옹알이가 아닌 울음소리가 아닌 너의 첫소리로. 그 동안 강아지, 소, 말, 돼지 등등 많은 동물 소리와 강물, 기차, 비행기 등 많은 자연·사물들의 소리를 흉내내며 너의 분별력과 관찰력을 키워 주려고 꽤 열심이긴 했다만 유독 도깨비를 보고 '아흥' 소리로 반응을 보인 건 왜일까.

그렇구나. 동그란 얼굴, 머리는 별로 없이 하늘로 죄 뻗어 있고, 눈은 크고, 코는 납작하고, 앙증맞게 다문 입. 자는 네 모습 한 번 쳐다보고, 거울에 붙은 아기 도깨비 한 번 쳐다보고, 그 영락없는 닮은 꼴에 엄마는 혼자 속없이 웃어댄다.

아가, 엄마가 어렸을 때는 도깨비 이야기를 들으면 밤에 뒷간에도 못 가고 할머니 품에 달라붙어 있다가 할머니가 일어나시면 졸졸 따라다니곤 했단다. 사람들은 왜 있지도 않은 도깨비 이야기를 지어내어 괜스레 무서움을 타기도 하고 밤을 저어 가는 길잡이로 삼았을까? 사람이 사람을 대상화해서 세상에서 이루어질 수 없는 많은 것들을 꿈에서라도 이루고 싶은 간절한 바람이 아니었을까? 금 나와라 뚝딱, 은 나와라 뚝딱, 온갖 금은보화, 산해진미, 대궐같은 집, 실컷 먹고 지고, 살고 지고. 밤에는 그토록 설쳐대지만 그러나 새벽에 닭이 울면 어디론가 감쪽같이 사라지고 마는 도깨비 세상, 그것은 정녕 꿈이기에 사람들은 깨고 나면 어김없이 자기 현실로 돌아와 오늘을 저어 가고. 그러나 꿈으로만 애달픈 삶을 달래다 그저 피고 지고, 피고 지는 것이 아니라 그 꿈을 찾아 닥친 현실을 닦아 세웠으려니.

아름! 너를 너무도 빼어 닮은 저 아기 도깨비를 통해 너는 무엇을 보았니? 엄마의 도깨비 이야기가 네 꿈속에서는 어떻게 나래를 펼까. 매일매일 새로운 세상을 살아가는 아가.

큰 이모의 그림 놀이

 참 질기기도 하다. 종일 책을 읽어 달라고 해서 스무 권도 넘게 보여 줬는데 또 책을 찾아 방마다 문을 열어제끼고 외삼촌 방까지 쳐들어가서 두꺼운 책을 집어들다간 급기야 책꽂이에 얹혔던 책에 머리를 찧고 세상이 떠내가라 하고 울어대는 너. 울든 말든 못 본 척하니 큰 이모는 애 안 달랜다고 눈을 흘기며 제방으로 너를 안고 들어가 벌써 한 시간이 넘도록 소리가 없다. 원고 마감에 쫓겨 신경 쓸 겨를도 없이 글 속에 빠져들어 골머리를 앓고 있으니 어느새 다가와 '엄마아!', 손에 커다란 공책을 들고 뒤뚱거리며 다가와 너는 말끄러미 눈을 맞추고.
 의기양양하게 내미는 공책을 보고 엄마는 그만 깜짝 놀라고 말았다. 아이 키우는 엄마도 그런 생각을 못했는데 어쩜 네 큰 이모는 네 마음을 그리도 잘 알까?
 돼지 그려 달라면 엄마는 코가 뭉툭한 그놈 한 모양새밖에 그릴 줄 모르는데, 큰 이모는 자는 돼지, 앞에서 본 돼지, 뒤꽁무니를 잔뜩 들고 있는 돼지, 웃는 돼지, 우는 돼지, 찌푸린 돼지. 또 커다란 해님을 대여섯 개 그려 놓고 눈을 그리지 않은 것, 입이 없는 것, 햇빛 머리가 없는

◀ 하하돼지

▲ 잉잉돼지   ▲ 브브브돼지

46 · 바람 불어도 눈보라쳐도

▲ 눈은 어디갔나?

▲ 코는 어디갔나?

▲ 머리카락은 어디갔나,
· 모자는 어디갔나?

것, 눈만 있는 것, 코만 있는 것, 입만 있는 것, 그렇게 빼먹고·그려 놓은 곳을 너는 잘도 찾아서 눈 없는 데는 눈을 그려 놓고 입 없는 그림엔 입을 그려 놓고. 삐뚤삐뚤 찌익, 눈도 코도 입도 제대로 갖다 붙이질 못해 해님마다 코보, 째보지만 그래도 자리마다 찾아 그려 넣은 것을

큰 이모의 그림 놀이 · 47

▲ 하하 햇님 맘마 먹어라 암냠냠

보고 엄마는 신기해서 눈을 뗄 수가 없다. 그야말로 아이의 관찰력을 세심하게 배려한 그림 놀이에 그만 깜빡 정신이 흘려 버린 것이다. 더욱이 네 손을 대고 그려 놓은 손의 손가락마다 손톱을 동그랗게 그려 넣을 수 있도록 한 것하며, 엄마 얼굴에 안경을 그려 넣기, 아빠 얼굴엔 머리카락, 네 머리는 하늘로 삐쭉삐쭉 죄 솟은 것이 정말 기가 막히구나!

얼마나 신이 났는지 몇 시간 동안 배고픈 줄도 모르고 내도록 공책을 펴놓고 연필로 네 손을 대고 그려 대고 눈 없는 해님을 그려내라고 이모 손을 잡아끄는 아름!

지금 너는 모든 사물의 다양한 모습과 새롭게 만나고 그 속에서 낱

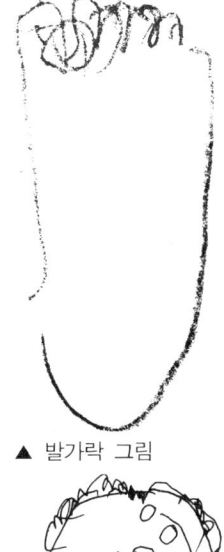

▲ 발가락 그림

▲ 사람머리 기르기

낱 사물에 대한 포착과 그것과의 관계를 모색해 나가기 위해 그 작은 머리를 부단히 움직여 가고 있다. 언제쯤이면 그것들에 대한 나름대로의 해석을 혹은 그림으로 글로 표현해 낼 것이다. 무엇을 그릴까, 어떻게 그릴까, 네가 살아가는 작은 세상의 크고 작은 일들이나 사람, 동물, 사물들과의 관계의 질에 따라 있는 그대로 혹은 네 한껏의 상상력으로 관계의 진전, 혹은 벌어지고 있는 사태의 진전을 나름대로 그려내기도 할 것이다. 네 큰 이모가 그림을 그리니 그린다는 것이 무엇인지, 무엇을 그려야 할 것인지 앞으로 많은 이야기를 네게 들려줄 거야. 엄마로서는 다만 어떤 욕심이나 강요가 아니라 너의 사물과 사태를 보는 눈과 그에 대한 해석력, 그리고 그것을 다양한 미적 계기 속에서 예술적으로 재편해 낼 수 있는 예술적 상상력을 잘 길러 주어야 겠다는 것이 지금의 생각이다. 네 반짝이는 눈빛으로 이 세상을 찬찬히 들여다보렴. 관찰자의 눈이 아니라 그 속에서 나날을 살아가는 한 사람으로서 너의 눈과 마음을 활짝 열고 이 세상을 한 가슴에 안아 보렴.

이이요

아름,

온종일 화장실까지도 따라와 쉬쉬 연줄 외쳐 대는 너는 조그만 사물도 놓치지 않고 이름을 물어 댄다.

개구리, 꿀꿀돼지, 너구리, 풀, 꽃, 화장실 문, 벽, 문틀, 견우와 직녀, 난초 그림, 온갖 글씨…. 네 눈에 들어오는 것은 조금도 지체없이 '이이요? 이이요?,' 이게 뭐냐고 묻는 너만의 그 줄임말에 엄마는 입이 아프도록 대답을 해야 한다. 네가 완전히 기억할 때까지.

재미없는 엄마 책까지도 한문 한자 한자 묻는 네 눈은 정말 궁금한 호기심으로 반짝거리고 있다. 네 이름을 샛별이라고 할 걸 그랬지?

되도록이면 또박또박 가르쳐 주고자 하지만 늘 바쁘게 쫓기는 엄마의 일손이 못마땅해서 너는 눈길만 마주치면 쫓아와 몇 번씩이고 반복해서 '이이요? 이이요?,' 이미 다 아는 건데도 엄마가 행여 다른 일을 할 새라 급하게 허공을 가리키고는 머쓱.

오늘은 할머니, 고모, 삼촌이 오신대서 음식 장만하랴, 집청소하랴, 눈코 뜰 새가 없는데 너는 붕어 잡기에 여념이 없고 온통 물바다 속에서 기어코 볼기를 맞고 목욕탕은 네 빨래감 투성이다. 죽 한 사발 바나나 반 개 뚝딱, 요구르트 한 병을 쥐어 주고 볼일 보는 사이, 엄마 공부방은 온통 요구르트 범벅. 너는 그 위에 덜퍼덕 주저앉아 도배를 해댄다. 또 한 차례 볼기. 목욕탕, 새 옷. 그리고 엄마등 뒤에 업혀 낮잠. 삼십 분도 안돼서 전화 소리에 깨고 할머니 오시자 요리조리 부지런히 다니며 재롱을 피우다 죽 한 그릇 후딱 비우고 사과 한 쪽, 배 한 쪽. 할머님 배웅하고 곰돌이 책을 두 시간 넘게 들여다보며 또 '이이요? 이이요?', 우유 반 잔 내 손으로 먹고 잔을 내팽개친 채, 죽 반 그릇 쓱. 어부바. 그리고 지금 곤히 잠든 너. 이럴 때 너의 하루는 정말 길기도 하다.

 엄마는 네가 늘 스스로 생각하고 판단해서 결단하고 일단 자기가 한 일에 대해서는 책임을 질 줄 아는 사람으로 자라길 바라고 있다. 이미 눈빛만으로도 우리는 서로를 잘 읽고 있지. 너는 깜짝 놀랄 정도로 엄마의 움직임을 알아차린다. 엄마 아빠의 주의를 끌기 위해 분주히 움직이는 너는 때때로 고집스럽게 관심을 집중시키고 열중한다. 가끔씩 텔레비전이나 엄마의 신경질, 잔소리가 너의 주의력을 깨뜨린다는 걸 확인할 때, 엄마 아빠의 사정대로 너를 사방팔방으로 데리고 다녀서 너의 일상을 뒤죽박죽 궤도를 이탈하게 만들 때는 정말 미안하다.

 꾸러기 곰돌이 속의 갈매기가 훨훨 나는 소리를 쉴 새 없이 요구하며 꿈속에서도 팔을 휘젓고 있을 나의 딸 아름아. 잘 자거라. 내일은 또 어떤 일들이 너를 일깨워 '이이요?' 하게 할까?

아빠의 맴매

　외할머니한테 얼마나 야단을 맞았는지 아직도 귀가 멍멍하다. 엄마 품에서 힘도 없이 축 늘어져 자는 네 모습에 더더욱 가슴을 친다. 모든 것은 엄마 탓이었다. 병원 약에 문제가 있어서 보채는 것도 모르고 기어코 소리를 질러 버린 엄마가 부족했던 탓이다. 세 시간이 넘도록 그칠 줄 모르고 울어대는 너. 아무리 달래도 소용없고 들쳐업고 온 방안, 거실을 서성여도 네 울음소리는 가히 악다구니였다. 급기야 참다 못한 아빠가 너를 컴컴한 방 속에 넣고 문을 닫아 버렸지. 삼십 분을 꼼짝도 않고 그 자리에 앉아 계속 너는 또 울어대고. 하루종일 죽 몇 숟갈 받아먹는 둥 마는 둥 기운이 있을 리 만무하건만 어디서 그런 힘이 솟는지 잦아들 줄 모르고 너의 통곡 소리는 높아만 갔다. 아빠는 참다못해 매를 들었지. 오늘따라 왜 기저귀도 채워 놓지 않았을까. 오줌도 싸지 않고 찬 바닥에 앉아 내리 울기만 하는 너를 한 손에 움켜쥐고 엉덩이를 삼십 분도 넘게 아빠는 정신나간 듯 후려쳤다. 말릴 겨를도 없이 문을 닫아걸고 아빠와 너의 버릇들이기와 오기의 싸움은 밤 한 시에서 세 시까지 두 시간이 넘게 이어졌다. 난생 처음 아빠한테 그렇게 야단

맞고 매를 맞고 컴컴한 방에 갇히어도 그 어둠 속 그 자리에 꼼짝도 않고 울어대는 너. 세 시간이 넘어서야 지쳤는지 네 울음소리가 잦아져 문을 열고 보니 또 그대로 앉아서 울 태세. 아빠가 너를 안아 들자마자 얼굴을 할퀴고야 마는 너의 악지에 엄마 아빠는 기겁을 했다. 끝내 아빠를 밀어내고 엄마 품에 안겨서 다시 서럽게 울어대며 '아빠 미워, 아빠 미워.'

아름! 정말로 부모 노릇하기가 쉬운 일이 아니구나. 아침녘에 의사 선생님한테 전화를 하고 간밤의 이야기를 하니 감기처방약이 맞지 않아서 흥분 상태가 되었을 수 있다고 애들마다 체질적으로 달라서 그런 경우가 있다고 설명은 하더라만, 약을 너무 세게 지어 준 것이 아니냐고 항변도 못하고. 무엇보다도 지난밤의 너의 상태에 대한 엄마의 무심함으로 네 마음의 상처가 얼마나 깊게 패였을까 생각하니 종일 너를 잠시도 놓지 못하고 안절부절이다.

아픈 애를 그렇게 때렸다고 외할머니는 전화에서 엄마 아빠 자격도 없다고 야단이시다. 첫 손주라고 엄마를 당신 손으로 못 키운 한이라도 푸시려는 듯 '우리 아름이, 우리 아름이' 잠시도 손에서 놓지 않으시는 당신의 큰 몸짓이 눈앞을 장막처럼 가리우고 외할머니만 보면 목을 끌어안고 놓지 않는 너의 곰살스러움이 더욱 사무쳐서 안타까워 하셨을 생각에 엄마 또한 참으로 울고 싶은 심정이다.

남들은 다들 잘 키우는 것 같은데 왜 엄마는 이렇게 늘 속수무책인 걸까.

아름, 정말 미안하구나. 엄마가 모자란 탓이다. 아빠도 네가 미워서 그런 게 아닌 거 알지? 평소에 네 고집이 어지간했어야지. 그래서 또 그렇게 쓸데없는 고집을 피우는 줄 알고 버릇 들이려고 그러다 보니 자신도 모르게 화가 났던 거란다. 네가 그처럼 악지가 세리라곤 상상도 못했다. 눈이 파래 가지고 아빠를 잡아뜯을 땐 엄마는 정말 겁이 났다. 아빠도 아무 말씀도 안했지만 외할아버지한테 한참 꾸중을 듣곤 '웬만하면 그칠 거라 생각했는데 어찌나 고집이 세던지 사실 때리면서도 겁이 더럭 나긴 했어요' 하더구나.

아름, 부디 네 기억 속에 오래 남아 있지 않았으면 좋겠는데. 아빠의 맴매가 진정 너를 바르게 키우는 진짜 아픈 매가 되도록 엄마 아빠도 어제 일을 계기로 열심히 노력할게. 오늘은 몸이 안 좋더라도 울지 말고 잘 자.

엄마 내가 빨래 해줄게

"엄마, 내가 빨래 해줄게. 아름이 비누질 잘해요."
"엄마, 빨리 일나요. 비와, 빨래 울어요."

엄마가 늘 시간에 쫓기다 보니 집안이 엉망. 아빠가 덜 바쁘면 가사 노동도 분담할 수 있을 텐데 새벽녘에야 지친 몸으로 돌아와 한숨 눈 붙이고 아침도 제대로 못 들고 나가기 바쁘니, 어디 하소연할 데도 없고 잠과 시간과 싸우며 버둥대기 일쑤라 보다 못한 네가 이것 저것 챙기는구나. 그 통에 매일 되풀이되는 일상사에 왈칵 짜증이 나다가도 멋쩍어져서 얼른 일거리를 챙겨 들게 된다.

엄마가 방을 쓸면 걸레를 가져다 방 훔치는 흉내도 내고 빨래를 널 때면 옷걸이도 가져다주고 탁탁 털어도 주는 아름. 아마도 네 입장에서 보면 그것이 일, 곧 엄마가 힘겨워 하는 노동이 아니라 재미있는 놀이의 하나겠지. 함께 놀아 주는 시간이 부족하니까 엄마랑 조금이라도 같이 시간을 보내기 위해 너 나름대로 강구해 낸 놀이 방법이겠기에 고마움 속에서도 가슴이 아려 온다.

그러나 한편 너의 놀이도 이제 틀을 잡아가야 할 때가 되었다는 점에서 엄마는 여러 가지 생각을 하게 된다. 지금 너는 마주치는 세계마다 네가 살아갈 수 있는 환경으로 만들어 가기 위한 너의 적응 노력을 대부분 놀이로써 표현해 낸다. 너하고 싶은 대로 어지르고 여러 가지 주변 사물이나 장난감을 통해 많은 상상력과 창의력을 기르고 사고를 발달시키고 자전거를 타고 이리저리 뛰어다니는 속에서 너는 튼튼하고 건강하게 자라나고 있지. 무엇보다도 놀이는 너에게 많은 기쁨을 준다. 무언가 내 손으로 해내었다는 창조의 기쁨, 작은 싸움에서 이겨낸 승리의 뿌듯함. 아름다움을 찾아낸 미적인 기쁨 등 헤아릴 수 없는 많은 작은 삶의 환희들이 너를 가득 채우고 있다.

그러나 놀이란 그냥 장난감을 가지고 하는 것이나 또 너하고 싶은 대로 노는 것만이 아니라 바로 내가 점차 자라면서 사람으로서 해야 할 노동으로 이어질 것이라는 점에 엄마의 고민이 있다. 그러한 놀이들이 그냥 놀이로써 끝나는 것이 아니라 네가 사회에 적응해 나갈 수 있는 독립적인 생활 능력을 기르고, 무엇보다도 너의 창조적 노동을 해 나가기 위한 준비 작업이라는 점, 따라서 아직 어려운 일일지 모르지만 바로 지금부터 그에 대한 준비가 필요한 때라는 것이 엄마의 생각인 것이다.

네가 밥을 잘먹고 잘 자고 잘 놀고 하는 가운데 키도 크고 뼈도 굵어지고 힘살도 붙고 머리도 커지고 그렇게 사회에서 살아 나갈 수 있는 육체적 조건을 마련해 나가듯 그 신체적 성장과 함께 세상을 살아 나가는 방법으로써의 일이라는 의미를 새기지 않을 수 없는 것이다. 아주 어렸을 적부터 몸은 몸대로 커지고 머리는 머리대로 커지도록 내버려 두는 것이 아니라 무엇을 통해 잔뼈가 굵고 사고가 생기느냐가 중요하다는 것이지. 따라서 단순한 호기심의 분출로써의 놀이로부터 점차 환경에 적응해 나가고 또 그 환경을 만들어 가는 방법을 너 나름대로 터득해 가고 그 속에서 사람에게 있어 가장 소중한 일의 내용과 틀을 만들어 가는 것, 그것을 바로 너의 숙제이자 엄마의 고민으로 삼아야 할 것이다.

물론 강요한다고 될 일은 아니지. 엄마의 일손을 덜어 주는 일을 기꺼이 즐거워하는 네 반짝이는 눈 속에서 엄마는 벌써 많은 가능성을 발견하고 네 스스로 길을 찾아갈 수 있도록 눈여겨보고 거들어 줄 뿐.

일에 걸리적거린다고 짜증을 내는 일부터 삼가고, 일을 하는 즐거움이 너에게 그대로 전달될 수 있도록 노력하마. 아무런 사회적 대가가 없는 가사노동이라는 것, 매일 되풀이되는 비생산적인 노동이지만 그러나 그것을 통해 엄마 아빠가 내일의 노동을 위한 준비를 하고 너의 삶에서 진짜 중요한 것이 무엇인지를 알게 하는 가장 중요한 교육의 현장이기에 엄마는 다시 팔을 걷어 부쳐야겠다.

눈 위의 네 발자욱

　대야에 잔뜩 모래를 퍼담아다가 베란다 양지바른 곳에 놓아주면 찍소리도 없이 하루를 잘도 저어 갈텐데, 잔뜩 찌푸린 하늘 차가운 겨울바람이 속절없이 메다 꽂히는 바람벽에 차마 내보낼 수가 없어 집안에만 가둬 놓고 하는 대로 내버려두었더니 급기야 서랍 장을 발칵 뒤집어 놓고 온갖 잡동사니 속에 묻혀 버린 너. 그러나 그것도 잠시 무엇에 속이 뒤틀렸는지 난장판 속에서 어쩜 그렇게 서럽게도 울고 앉았는지.
　"그거 만지면 꼬 한다고 했지. 이리와."
　연장 가방을 어떻게 열었는지 송곳을 빼 들다 엄지손가락을 찔리고 피는 날똥말똥 한데 지레 놀래서 울어제끼기부터 하는 너의 엄살. 훌쩍거리면서도 어디선지 일일 반창고를 찾아와 엄마 손에 들려주고, 반창고를 붙여주니 엄지손가락을 내밀듯 꼿꼿이 펴고 만지지도 못하게 하곤 다시 무언가 사고 칠 궁리에 여념이 없구나.
　"이제 그만 치워. 저게 다 뭐니, 빨리. 안 그러면 엄마 다 갖다 버릴까? 책 갖다 꽂고 장난감 상자에 담고."
　엄마가 소리지르거나 말거나 건성건성 치우는 둥 마는 둥 책 몇 권

들고 네 방으로 들어가더니 또 기척도 없다. 잠시 동안의 고요. 그러나 잠시, 정말 잠시뿐. 갑자기 네가 달려가는 소리.

"엄마, 눈."

어머 정말, 눈이구나. 팔짝팔짝 강아지처럼 좋아하는 너. 엄마는 점심 챙겨 주는 것도 잊고 슬그머니 중무장 채비를 차린다.

그래 오늘은 탈출이다. 이 구차한 닭장 속, 잔뜩 찌푸린 일상일랑 훨훨 벗어 던지고 오늘은 바람처럼 내달리는 거다. 눈발이 굵어질수록 함박눈 속에 너는 하얗게 웃고 기껏 가 본댔자 집 앞 국민학교. 고층 아파트 그 콘크리트 울타리 속의 손바닥만한 운동장이지만 허옇게 눈이 쏟아지는 그곳은 우리의 만주 벌판이다. 천지가 눈발에 묻혀 까마득한 지평선, 하늘과 땅이 맞닿은 그곳을 설원의 눈사람처럼 엄마도 달리고 아름이도 달리고.

코끝이 빨개진 너는 미끈 넘어져도 울지 않고 금세 일어나 툭툭 털고는 또다시 달린다. 아무도 없는 순결의 땅, 하얀 눈 속에 빨간 점 하나. 저 순백의 대지 위에 종종 찍히는 네 작은 발자욱. 엄마 발자욱. 오늘은 정말 하염없이 내달리기만 하는 거다.

바람 불어도 눈보라쳐도

바람 불어도 눈보라쳐도
그대 당신은 내사랑
거친 손가락
못생긴 얼굴
당신은 나의 참사랑
투쟁 속에 우리 만났죠.
야윈 얼굴 서로 보듬어
우리 새 세상 만들 때까지
우리 변치 말고 투쟁하자고
그대가 감싸주는
내 어깨에 어리는
따스한 그 온기는
노동의 꿈과 희망입니다.

"엄마 다시."

"또? 벌써 여덟 번이나 불렀는데 다른 노래하자."
"아니, 바람 불어도."
"에이 그만 하자. 솔아 솔아 할까, 아니면 사랑도 명예도."
"아니, 바람 불어도."
"알았어.
바람 불어도…."
"또 해."
"바람 불어도…."
"이번엔 아름이가 해봐."
"아직 몰라, 엄마가 해."
"바람 불어도…."
"또."
"아름, 저기 하늘 좀 봐, 빨갛지. 노을이 지는구나."
"노을이 뭐야?"
"해가 산밑으로 지면서 하늘을 붉게 물들이는 거야, 저기 봐. 산밑으로 해가 뚝뚝 떨어지잖아."
"어디?"
"저기 구름 모자 쓴 산 할아버지 있는데 봐. 해가 점점 꼭꼭 숨어라 하고 하늘이 빨갛잖아."
"외할아버지가 빨개?"
"아니·산 할아버지."
"산이 할아버지야?"
"응, 산은 나이가 많거든."
"외할아버지보다?"
"응, 원당 할아버지보다도 많아. 아주아주 호호 할아버지야. 저 봐

할아버지 머리처럼 하얗잖아"

"그렇구나. 엄마 또 해. 바람 불어도."

"또? 아직도 못 외웠어? 딱 한 번만이야."

"아니 열 번."

"뭐?, 너무 많다. 세 번만 하자."

"알았어."

"바람 불어도…."

"엄마, 이젠 내가 할께.

바람 불어도 눈보라쳐도

그대 당신은 내 싸랑

거친 손가락 못생긴 얼굴

당신은 나의 참사랑

그 다음 뭐지?"

"투쟁 속에"

"투쟁이 뭐야?"

"싸우는 거."

"왜 싸우는데?"

"나쁜 사람들이 못살게 자꾸 괴롭히니까. 싸우지 않으면 살 수가 없거든."

"투쟁 속에 우리 만났죠.

야윈 얼굴 서로 보듬어

우리 새 세상 만들 때까지

우러 변치 말고 투쟁하자고

그대가 응응 응응~"

"응응이 아니고 감싸주는"

"그대가 감싸주는
내 어깨에 어리는
따스한 그 온기는
노동의 꿈과 희망입니다."
"와 우리 아름이 잘하는구나. 또 해봐."
"바람 불어도…."
"이 노래 좋으니?"
"응, 또 할까?
바람 불어도…."
"아름, 이 노래는 엄마 아빠 노래야. 엄마 아빠가 이 노래처럼 사랑한다."
"아름이는?"
"아름이는 엄마 아빠가 그렇게 사랑해서 낳은 거니까 아름이 노래도 되지."
"그럼, 엄마 아빠 아름이 노래지."

대통령 선거가 끝나고 오대산 진고개 밑 화전민의 오두막에서 깊은 절망감에 썩어 빠진 세상을 디리패듯 침묵으로 온종일 쩍쩍 참나무 장작만 가르시던 나의 아버님. 그 즈음 온 천하를 거머쥔 듯 사자후를 토하시는 외할아버지를 유세장에서 텔레비전에서 뵈올 때마다 조그만 주먹을 불끈 쥐며 '사랑도 명예도' '고난에 찬' 노래 등을 심각한 얼굴로 불러 대 주위의 웃음과 작은 보람을 자아내게 하던 아름이는 깊은 그늘에 가리운 당신의 모습에 당황하면서도 그러나 제 딴에 무슨 생각이 들었는지 노래, 춤, 재깔거림 등 갖은 재롱으로 외할아버지의 시름을 조금이나마 덜어 드렸다. 외할아버지가 가른 장작으로 아궁이에 불을 지피면 그 타오르는 불꽃이 눈빛을 일렁일 때마다 손뼉을 치고 팔짝팔짝. 온 세상이 허옇게 쌓인 눈 더미, 꽝꽝 얼어붙은 골짜구니를 추운 줄도 모르고 코가 발개지도록 오르내리던 아름. 그렇게 사흘 밤낮을 지내다 산마루에 다시 시렁시렁 가루눈이 내리던 날, 황량한 산 한 자락에 외할아버지를 남기고 고사리 손을 흔들고 먼저 떠나오면서, 자꾸만 흐르는 눈물을 가누지 못해 나도 모르게 터져나온 흥얼거림 속을 날름 헤집고 들어선 아름이는 유독 '참사랑'이라는 노래를 고집하며 스무 번도 넘게 불러 달라고 했다.

  86년 3월 국가보안법으로 수배가 된 뒤 삼 년여의 고행 길에서 동지적 애정으로 늘 힘이 되주었던 아름 아빠와 마침내 수배의 사슬을 벗고 혼인하던 날, 많은 친지 동료들 앞에서 참사랑을 다짐했고, 그 뒤 많은 벗들의 사랑 맺음의 자리에 서면 이 노래를 불러 주곤 했는데, 이제 스물 여덟 달된 딸아이는 그 내력을 아는지 모르는지 오대산에서 돌아오는 장장 여섯 시간 내내 이 노래만 졸라대더니 마침내 작은 목청을 터뜨리며 을러대기 시작하는 것이었다.

  거세어진 눈발이 사정없이 짓때리는 대관령 고갯마루, 그렇게 이 참사랑 노래 하나에 의지해서 넘어섰는데, 그러나 마루턱을 내려서자마자 언제 그랬느냐는 듯이 하늘은 발간 노을로 수줍게 웃고, 하얗게 모자를 눌러 쓴 산들은 외할아버지의 타는 가슴처럼 붉게 물들고. 한없이 지켜봐 주시던 당신의 눈길은 서울로의 긴 여정 그 어둠 속까지 내리깔렸었다. 그 물기 어린 눈매가 다시 창문에 어릴 즈음 재잘거리던 아름이는 노곤한 잠 길로 접어드니 솜털이 보송보송한 고운 뺨에 살며시 입술을 댄다. 언제쯤 아름이가 이 노래의 의미를 알게 될까? 어쩌면 아름이가 컸을 때는 이 노랫말처럼 참사랑으로 빚은 새 세상이 환하게 열려 그 신천지 속을 말갈기 휘날리며 한없이 내달릴지 몰라. 마침내 백두산 두만강 자락에 이르러 어기여차 새 세상의 뗏목을 노 저으면 흘러간 옛노래처럼 뗏목에 나부끼는 찢어진 깃발, 노혁명가의 고난을 기억할까?

아름!

얼른 달려가렴. 꿈길 속을 내달아 가서 이 노래를 들려 드리렴. 할아버지와 이 땅의 4천만 민중의 참사랑은 결코 식지 않을 것이라고.

눈보라 속에 참사랑의 불길은 더욱 타오르는 법이라고 일러주시던 그 쏘시개 같은 뜨거운 눈빛을 사람들은 결코 잊지 않을 것이라고 목청껏 네 마음을 노래 드리렴.

셋/째/마/당

나도 아빠처럼 될래요

아름이에
대한 교육 원칙과 방향을
잡아 나가고자 애쓴 흔적들이다.
우리 사회는 육아 문제가 전적으로 엄마의
능력에 달려 있다. 따라서 엄마들은 늘 홀로
산행을 해야 한다. 비지땀으로 기어오르지만 자칫 잘못
디디면 까마득한 낭떠러지. 그러나 그 끝 모를 길 찾기를
멈추는 어머니는 없다. 그 산길을 홀로 나선 어머니의 한사람으로
더듬거린 자욱들이 여기 남았다. 행여 깊은 산중에 노랗게
비끌어 매인 라면 봉지라도 되어 많은 엄마들이 '아, 여기도
사람이 지나갔구나' 하며 길 찾기에 다시 나설 수 있는
작은 북돋움이라도 되었으면 좋겠다는 심정으로 엮어 보았다.

기저귀를 접으며

"이봐라, 얼마나 하얗노, 빨래가 이래야지, 아이가 어렸을 적부터 깨끗한 걸 보고 항상 청결하도록 가르쳐야 이 다음에도 그게 몸에 배어서 몸가짐을 잘하는 법이다."

"네, 그런데 저는 암만 삶고 빨아도 그렇게 안되던데 어떻게 하면 그렇게 하애지나요?"

"옥시크린 하고 요즈음 세제들이 얼마나 잘 나오노. 그걸 넣고 삶아봐라. 새것처럼 하얗지."

"그럼 그 기저귀랑 배냇저고리도 그렇게 삶으셨어요?"

"그럼, 얼마나 좋노. 꼭 새 것 같재?"

"표백 안된 옷이라고 해서 더 비싸게 주고 샀는데 일부러 표백제를 넣고 삶으셨다고요?"

"그럼 젖물은 잘 지지도 않는데 누렇게 얼룩덜룩한 채 그대로 입힐 거가? 아이구 더러버라. 그것보다 백 번 낫지. 깨끗한 걸 보고 자라야 깨끗한 아이가 된다카이."

"어머니, 그건 진짜 하애진 게 아니고 형광 물질을 넣어서 우리 눈을 속이는 것뿐이에요. 원래 나무 색깔이나 무명이 그렇게 하얀 색이 아니잖아요. 저 휴지, 속옷들도 다 표백제를 넣은 거고 그것도 모자라 형광물질을 넣어서 하얀 것처럼 보이게 하는 것뿐이에요. 옷감이나 나무가 하얘질 정도니 사람 몸에 얼마나 나쁘겠어요. 더구나 갓난애기한테….”

"무슨 소리고, 그럼 누런 걸 그냥 입히란 말이가. 사람들이 뭐라 카는지 하나. 칠칠치 못하다 칸다."

"사람들이 뭐라 하든 그게 무슨 상관이에요? 몸에 안 좋은 걸 굳이 돈들이고 힘들이고 시간 들여서 할 필요가 없다는 말씀이지요. 남한테 잘 보이려고 사는 것도 아니고 빨래 비누에 삶아서 빨면 비누기도 금방 가시니 힘도 덜 들고 물도 절약되고 약간 제 빛깔이 안 난다 뿐이지, 원래 자연 그대로의 색이 좋잖아요."

"좋긴 뭐가 좋노. 네가 이러니 아범 속옷이 누래 가지고. 그러면 다니 욕이다. 사람이 아무리 그래도 남한테 지저분해 보이면 값이 떨어진다. 할 건 하고 살아야지. 애 해 가지고 다니는 걸 보면 그 에미를 안다. 꾀죄죄해 보여서 남들한테 손가락질 받느니, 이왕이면 깔끔해 보이는 게 낫지, 무공해가 어떻고 하며 구질구질하게 해 다니는 게 낫나?"

"어머니, 그건 장사꾼들이 세제 팔아먹으려고 자꾸 그렇게 만들어가기 때문에 그런 거예요. 어머니가 저희들 키우실 때는 빨래터에서 방망이로 척척 때려서 맑은 물에 헹궈 바람 좋고 볕 좋은 곳에 널면 빨래가 하얀 것이 오죽하면 우리나라 사람들을 백의민족이라 했겠어요. 그때 하얀 거랑 지금 이 옷 하얀 거랑 비교해 보세요. 빛깔이 다르잖아요? 어머님처럼 생활의 지혜가 넘치시는 분이 왜 그런데 속아넘어가세요? 세제로 빨면 비눗기가 잘 안 가시니 찝찝해서 한 번 더 **빠시지요**? 힘 안 드세요? 거기다 표백제까지 넣었으니, 옷감이 상하는 건 둘째치고 약한 피부에 그게 닿으면 피부병 생기지요. 어머님 손 좀 보세요. 옛날처럼 험한 일도 안하시는데 쩍쩍 갈라지잖아요. 애고 어른이고 그 옷을 입으면 또 어떻게 되겠어요? 저도 바빠서 세제 넣고 세탁기 몇 번 돌려봤는데 엉덩이고 어디고 자꾸 가려워서 병원에도 가 봤지만 별 이유도 없이 신경성이라고만 하고 혹시나 싶어서 빨래 비누로 빨래를 하니까 그 다음부터 가려운 게 없어지더라구요. 그래서 아무리 힘들어도 빨래 비누만 쓰지요. 더구나 그 물이 한강으로 흘러 들어가면 거기에 사는 물고기며 새들이 떼죽음을 당하고 생태계가 심각한 위협을 받고 무엇보다도 그 물이 다시 우리 입으로 들어올 테니 얼마나 끔찍한 일이에요. 아무리 정수를 한다 해도 표백제가 그대로 뱃속을 하얗게 물들일 테니. 제가 뭘 그리 알겠어요? 어머니 살림 내력에 치면 이도 안 났지요? 다만 속지 말고 우리 것대로 지켜 나가자는 거예요. 힘 덜 들고 찝찝하지 않고 건강에 좋고 돈 안 들고 그러면 됐지, 남이 봐서 어떻다고 하는 건 공연한 허식일 수 있고, 오히려 사람들의 눈이 장사꾼들한테 속아서 온통 잘못 되어 가는 걸 바로 잡아야지요."

"모르겠다. 아무리 뭐라 캐도 나는 지저분한 꼴은 못 본다. 더러버서 어째 보겠노. 표백제 아니라 표백제 할아버지라도 더러븐 것보단 낫지. 몸조리하고 내려가면 너나 그라든지 말든지, 얼룩덜룩 해 가지고 빤 듯 안 빤 듯한 그거 찝찝해서 우예 사노?"

혼인한 지 한 해가 넘도록 시어머님하고 단 한 번도 오붓하게 앉아서 살아가는 얘기를 해본 적 없이 그저 바쁘게 돌아다니다 1주일에 한 번 일요일에 겨우 아침상이나 마주하던 정도였는데, 애 낳고 친정 사정이 여의치 않아서 시댁에서 몸조리를 하기 열흘 남짓.

시집와서 가장 먼저 놀란 것이 어머님의 알뜰살뜰한 손길이었다. 외할머님이 살아 계실 때만 해도 몰랐는데 어머니가 학교에 나가시느라 집안 한구석이 항상 어딘가 비어 있는 것 같던 친정에서와 달리 시어머님 손길 하나 하나가 모든 살림살이에 배어 있는 깔끔하고 정갈한 시댁은 살림을 잘 알 리 없는 선머슴 같은 며느리한테는 여간 거북스럽고 낯설지 않았었다. 뭘 해도 자신이 없는 하다못해 콩나물 다듬는 일도 이렇게 하는 것이 맞는 건가 싶을 만큼 조심스러움이 들곤 했던 신혼 초, 아침상을 차려 놓으면 신문 들고 밥상 한 번 쳐다보고 한숨부터 쉬는 남편이 시댁에만 올라가면 두 그릇을 뚝딱 먹어 치우고 '이렇게 좀 할 수 없냐고' 핀잔을 줄 때마다 있는 대로 상하던 자존심하며, 밑반찬이며 김치를 해주실 때마다 고마운 마음 한구석, 이조차 의존성이라고 독립적 생활 능력을 갖추려면 아무리 바빠도 김치도 스스로 하고 밑반찬도 시간 있을 때 많이 해 놓고 살림을 스스로 꾸려 가서 책잡히지 말아야겠다고 내심 다짐까지 하며 어머님의 살림 솜씨 하나하나를 배우려는 마음보다는 부담으로만 느끼던 때였다.

그러다 정작 며칠 아니었지만 젊은 새내기와 어머님의 곰삭은 살림 솜씨가 만나니 고개가 절로 숙여지는 점이 한 둘이 아니어서, 아! 삶의 지혜라는 게 저런 거구나, 어떻게 저런 생각을 하셨을까. 그 어려움 속에서도 자식들 보란듯이 키워 내시고 대가족 이끌어 온 내력, 어머님들의 힘이 바로 여기에 있었구나. 그 동안 깨닫지 못했던 친정어머니에 대한 경외심과 그리움까지 앞을 가리고 생활에 천착한다는 문제에 대해 새삼 많은 문제 인식을 일러 받고 있었다.

어머님은 기저귀를 널 때도 네 귀 반듯하게 펴서 꼭꼭 눌러 옷걸이에 걸어서 네모반듯하고 빳빳하게 널으셨고, 걷어서 개실 때도 행여 배길 새라 모서리마다 잘 펴서 다시 네 귀를 반듯하게 맞추어 다림질한 것처럼 접어 놓으셨다. 하도 빨래가 희고 기저귀 접은 모양이 예뻐서 감탄을 해댔는데 정작 그 하얌의 내력을 듣고 보니 아연실색, 난생 처음 시어머님과 오랫동안 살림 문제를 가지고 논전 아닌 논전을 펼치게 되었다.

지병인 관절염 때문에 무리하시면 안되었으므로 산후 조리를 도와 주시는 동안만 종이 기저귀를 쓰기로 해 놓고 한 해 6억 개의 종이 기저귀 사용 때문에 심각한 환경오염이 초래된다는 사실을 알면서도 나부터도 어쩔 수 없이 거스를 수밖에 없는 상황을 안타까워 했는데 사흘째부터 아이 엉덩이가 짓무르기 시작, 급기야 악다구니로 울어대는 통에 준비해 놓은 소창기저귀를 쓰니, 엉덩이가 금세 아물어 머리맡에 두고 쓰자는 말은 못 드리고 냉가슴만 앓던 기저귀 문제는 자연스럽게 해결되었는데, 문제가 엉뚱한 데에서 발생한 것이다.

그러나 정작 부딪히니 그건 단순히 세대 차이 문제, 혹은 시어머니와 며느리간의 시대를 넘어온 해묵은 신경전이 아니었다. 문제의 본질이 시어머님과 며느리의 갈등이 아니라 우리 삶 속속들이에 어김없이 뿌리를 내리고 있는 상업주의, 바로 그것이 우리 삶의 내용을 바꿔 놓고 있기 때문에 빚어진 것인데, 슬쩍 한 발을 뺄까 하다가 그렇게 물러서면 어머님의 삶 전체가 송두리째 도난 당할 것 같은 위기감이 닥쳐서 끝까지 주장을 펼친 것이다. 그 충격에 휘청이시는 시어머님. 상업주의의 그늘이 얼마나 깊게 드리워져 있는가, 어머님의 그 굳은 심지에도 아카시아처럼 침범한 그 파괴 문화는 새로운 고부 갈등을 야기시키고 있었고, 그 가당치 않은 모순 속에 이제껏 누구보다도 잘 지켜 오고 꾸려 왔다고 자부해 오셨던 시어머님의 살림 솜씨에 대한 새파란 며느리의 도전이 안타깝게 파도치고 있었다.

이름을 찾아서

　'샛별', 외할머니가 네 눈이 샛별처럼 빛난다고 해서 일러주신 이름이고, '한결,' 일생을 한결같이 사람이 사람답게 사는 세상을 만들기 위해 역사를 살라는 뜻으로 엄마가 불러 본 이름이고, 그밖에 '참솔' '한솔' '한별' '슬비' '보람' '슬,' 부르기 좋고 나름대로 뜻이 담긴 예쁜 이름이 많기도 하다마는 막상 맞춤한 이름을 지어주려고 하니 쉬운 일이 아니구나.
　한 달 이내에 동사무소에 출생신고를 해야 네가 법적으로 이 세상에 존재함을 증명하게 된다고 하고 병원을 가도 이름이 없어서 진찰권에 백원담 아기. 의료보험도 적용되지 않고, 행정적 절차가 이만저만 복잡하지 않은 데다 그 신고 기한을 어기면 고스란히 벌금에 연체료까지 내야 한다니, 일생을 따라다닐 너의 이름에 첫 판부터 그런 관료적 사슬, 이 엄청난 지배 질서가 꼼짝달싹하지 못하게 너의 삶을 욱죄이는 듯 엄마 아빠는 영 기분이 개운칠 못하구나. 엎친 데 덮친 격으로 초조한 마음에 외할아버지께 '이름 좀 빨리 지어 주세요' 하고 졸랐다가 된통 야단만 맞고 말았다.

"이름이란 아이의 모양새, 됨됨이 등에서 느낀 바대로 이런저런 이름으로 부르다가 아이가 자라나면서 그 성격이나 생김새 여러 가지 특징에 따라 아이의 앞길을 다잡아 줄 수 있는 좋은 이름이 떠오르거든 그 때에 지어 주어야 정말 이름다운 이름이 되거늘 왜 그리 수선이냐? 아이의 일생을 가를 이름을 그까짓 돈 몇 푼 때문에 함부로 지어? 자식을 키우려면 에미 애비가 철학이 있어야 한다. 원칙이 있어야 한다고. 그리고 이름 특이하게 짓는 데 대한 환상을 갖지마. 네 자식만 되도라지게 하고자 하는 마음이 불쑥이는 그 순간부터 삶이 썩는 법이야."

그러실 줄 알았지. 하물며 풀이나 나무에도 다 이름이 있거늘 어떤 사물에 이름이 없다면 누구도 그 사물을 기억할 수나 말할 수 없기 때문에 결국 존재하지도 않는 것과 다름이 없으니, 너의 존재를 세상에 빨리 알리고 싶은 엄마 아빠의 소아병이 이처럼 파리하게 바닥을 드러낸 것이야. 이름을 인간 생활에 있어서 본질적인 존재의 문제로 놓고 보면 출생과 더불어 가장 중요한 관심의 대상이 되지 않을 수 없지. 한 사람의 출생이 그러하듯 사람의 언어생활이 이름을 짓는 데서 비롯되기도 하거니와 그의 사회적 존재를 이름을 통해 알리게 되기 때문이란다. 그러나 그것은 어디까지나 겉치레 형식에 불과한 것이다. 이름을 통해서는 형식적으로만 사회와 관계를 맺을 뿐, 보다 중요한 것은 사람은 그의 일생을 통해 삶의 알맹이를 영글어 가면서 이 사회와 진짜 실질적 관계를 맺게 되는 것이니, 바로 그 점을 외할아버지께서 강조하신 것이지. 이름의 실질적 형성 과정이 어때야 하는가를 일러주신 것이다.

요즘 사람들은 성을 가는 일을 목숨을 걸 만큼 중요하다고 여기고 있지만 사실 알고 보면 우리나라 사람들이 성과 이름자를 갖게 된 것은 극히 최근의 일이다. 1910년 한일합방 당시 작성된 민적부에도 성이 없는 사람이 우리나라 인구의 절반이 넘었거니와(성을 가진 사람의 1.3

배) 한자로 된 이름을 가진 사람은 그런 이름을 가진 것 자체가 신분을 보장해 줄 정도로 지극히 귀하고 얻기 어려운 것이었다. 남의 집 머슴을 사는 노비들은 이름마저 떳떳하게 가질 수 없는 가축과도 같은 신세였음은 물론 여자들은 아명 이외에 정식 이름이 없었고 혼인과 함께 얻어지는 이름이란 고작 어디 댁이라고 출신 고향을 붙이거나 남편의 성을 따서 누구 댁이었으니 그 존재가 얼마나 하찮게 여겨졌는지 짐작이 가는 일이다. 신분 질서를 바탕으로 하는 봉건사회가 무너지고 사람들은 저마다 자기 존재에 대한 확인이 필요했을 터, 우리나라의 자율적 근대의 싹을 송두리째 짓밟은 일본 제국주의는 그 식민 통치의 강화를 위해 전 국민의 인적 사항을 파악할 필요가 있었고, 그 굴욕적 계기를 통해서 엉터리 이름자나마 갖게 된 것이 우리 이름의 왜들어진 역사인 것이다.

 그런데 거슬러 올라가 보면 예로부터 성과 이름자를 제대로 가지고 있었던 이른바 양반 입네 하는 사대부 계층 역시 처음부터 성씨나 이름에 자기 삶을 몽창 비끌어 매었던 것은 아니다. 조선 시대에 이르러 유교가 유입되고 우리 문물 제도 전반을 지배하게 되면서 중국식 이름 짓기가 사대부 계층 사이에 널리 퍼지게 된 것이 문제의 발단이라고 할 수 있다. 봉건적 지배 윤리로서의 유교는 무엇보다도 충효 사상을 인간의 도덕 규범으로 가장 중시하여, 봉건 군주인 임금에 대한 충성과 부모에 대한 효도를 인간이 도달해야 할 가장 높은 덕목으로 꼽았으며, 특히 '입신양명 현저부모'라 하여 가문을 위해 과거장에서 이름이 드날리는 것을 가장 큰 명예로 삼았다. 원래 이름은 호칭에 불과했던 것인데 충효를 중심으로 한 봉건적 지배 윤리가 강화되고 사회 전반을 구속함에 따라 이른바 사대부들은 물론 일반 사람들도 사주팔자나 관상과 함께 후천적으로 지어지는 이름이 그 사람의 운세를 결정하는 데 중요한 구실을 한다고 믿게 되었고, 그를 더럽히지 않고 나라를 위해 공을 세우거나 과거에 급제하는 등 입신출세하여 이름을 드날림으로써 부모를 드러나게 하고 가문을 빛내는 일을 가장 높은 삶의 경지로 잘못 인식하게 된 것이다. 이름을 중시하는 것 자체가 양반 사대부들이 기득권을 획득하고 유지하는 수단이었다는 것이지. 그로부터 우리나라 사람들은 의식주를 해결할 만하면 족보를 만들고 조상의 산소에 빗돌 하나라도 세우는 것이 소원이라 할만큼 이름을 소중히 여기게 되었단다. 사대부들의 자기 기득권 획득과 유지의 방법, 그리고 그것을 후대에까지 세습적으로 이어주려는 지배 집단의 집요한 욕망의 소산이 이름에 여울진 것이지. 그 나쁜 전통이 오늘에까지 이어져 신분 사회가 무너진 요즈음도 자식에게 사회적·경제적 지위를 물려주고자 하나 뜻대로 되지 않으면 이름이 나빠서 되는 일이 없다고 한탄하며 작명소를 찾아 드는 뒷퉁맞은 수작들이 끊이질 않고, 아이를 낳으면 이름을 잘 지어 돈과 명예를 거머쥐게 하고자 하는 부모들의 한갓된 바람이 간절하게 이어지고 있으니, 한평생 피어 보지 못한 살림들이 행여 이름자에라도 기대어 사는 것같이 살아보고자 아프게 몸부림치는 무꾸리 같은 흔적들이 아니겠니?

따라서 우리는 이참에 이름에 얽힌 지배 사상을 사그리 무너뜨려야 할 것이다. 운명론적인 작명관이나 가문의 기득권 유지를 위해 혹은 부모의 개인주의적 욕망을 이루기 위해 자기 삶을 규정 당하는 병폐로부터 이름의 올바른 의미, 곧 인간을 위해 역사를 위해 올바르고 전진적으로 살아가기 위한 자기 다짐과 사람과 사람의 실질적 관계를 이루려는 의지의 소산으로써 이름의 진정한 의미를 분명하게 획득해야 하는 것이다.

다른 사람들의 문제가 아니라 바로 네 친할아버지께서 네가 여자아이니 한글 이름을 지어도 좋다고 잘 지어 보라고 하신 말씀에 엄마는 가슴이 뜨끔했다. 만일 네가 남자아이였다면 너의 본관이 벽진 이 씨이니 벽진 이 씨 가문의 6대종손으로서 가문에서 내려오는 항렬자를 따서 이름을 지어야 할 것이고, 그렇게 되면 순한글 이름은 고사하고 이미 주어진 항렬자에 한 글자만 덧붙여 너의 이름을 지어야 하는 데다 결국 그 이름이라는 것이 벽진 이 씨 가문을 빛내기 위해 너의 모든 삶을 규정해 나가라는 족쇄로 죄이지 않겠니? 그야말로 엄마 아빠가 다 잡아 가고자 하는 삶의 길, 목표와는 정반대의 이 사회의 지배 질서를 유지하는 봉건 잔재의 굴레를 들쒸우는 꼴이 되기 십상이니 네가 여자였기에 망정이지 남자였다면 엄마는 집안 어른들과 크게 부딪쳤어야 됐을 것이다.

　아가, 이참에 이름에 대한 올바른 의미를 새겨 이 썩어빠진 양반 사회의 쭉정이 전통을 와장창 없애버리는 계기로 삼자고 대대적인 집안 토론을 붙여 보는 것이 어떠니? 그리하여 너의 이름짓기를 계기로 우리 집안의 가풍을 다시 다잡는 거다. 가문을 빛내기 위한 이름이 아니라 진정 인간답게 살기 위한 자기의 다짐으로써 그리고 실질적인 사회관계의 표현으로써 이름에 대한 의미를 우리 분명하게 인식하고 너의 성격과 됨됨이에 걸맞고 앞으로 너의 삶의 지향을 밝힐 가장 빼어난 이름을 찾아내자꾸나.

　백일을 하루 앞두고 아가는 아름이라는 예쁜 이름을 가지게 되었다. 아름다워서, 아름드리 속이 꽉 찬 참솔 이아름. 아울러 삼 년 반 뒤에 태어난 아름이 동생, 벽진 이 씨 가문의 6대 종손은 우여곡절 끝에 아빠의 결단으로 순 우리말 '내일'이라는 뜻의 '하제'라는 이름을 갖게 되었다.

엄마 젖과 소젖

어떠니? 엄마하고 처음 나들이를 하고 너랑 비슷한 또래의 갓난쟁이 동무들을 만나니 세상에 나온 실감이 나니? 저 아가들도 너처럼 엄마 뱃속에서 열 달을 지내다 이제 세상에 나온 지 겨우 한 달 살이들이란다.

눈을 또록또록 굴리며 무엇을 보니? 여기가 바로 네가 태어난 곳이야. 이렇게 멋대가리 없이 크고 온갖 병자들로 복잡한 병원이 너의 옛 살라비 고향이라니 참 기가 막히지. 게다가 세상 구경 첫 날 아픈 예방주사를 맞기 위해 여길 찾아와 이렇게 한량없이 줄지어 서 있어야 하다니 고향치고는 참으로 고약한 곳이 아닐 수 없구나.

게다가 오늘 너와의 나들이를 준비하면서 엄마는 사실 걱정이 하나 있었다. 이 먼 길을 나들이하자면 먹성 좋은 네가 적어도 두 번은 젖을 달라고 아우성을 칠 텐데 한데 앉아 엄마 젖을 먹이자니 왠지 어색하고 그렇다고 먹여 보지 않은 우유를 타서 들고 나가자니 네 고집에 그걸 먹지도 않으려니와 엄연히 옆에 있는 네 진짜 먹거리를 두고 소젖을 먹인다는 게 가당치도 않는 일이고. 할 수 없이 소젖 한 병 타고 엄마 젖을 짜서 젖병에 하나 담고 물병 하나에 네 기저귀, 옷가지 그야말로 한 짐을 싸 들고 나왔구나. 한 시간이 넘게 기다리다 지친 네가 울기 시작하자 온 아이들이 다 와와 거리며 병원 안은 그야말로 갓난쟁이들의 아수라장. 기저귀 가는 아이, 주사 맞고 아프다고 우는 아이, 온 얼굴이 새빨갛게 쭈그러들며 무언가 짜증을 내는 아이. 그 아우성 속에서 보따리 속의 젖병을 꺼낼까 망설이다 엄마는 슬며시 돌아앉아 너를 보듬고 젖을 물린다. 따뜻하고 신선한 젖을 놔두고 엄마 젖이라고 해도 젖병에 짜 둔 것을 먹이자니 내키지 않아서 엄마로서는 큰 용기를 낸 거야. 몇몇 엄마들도 슬그머니 돌아앉은 것이 아마도 네 동무들에게 젖을 물리는가 보지?

그래 얼마나 아름다우냐? 이 생명의 젖줄이 없었던들 이 세상이 이루어질 수 있었을까? 하마터면 쑥스럽고 창피하다는 이유 하나 때문에 엄마라는 가장 강하고 아름다운 이름을 저버리고 너의 진짜 먹거리를 빼앗을 뻔했구나. 애엄마가 아이에게 젖을 물리는 것은 참으로 정겨운 정경이었건만 언제부터 그것이 부끄럽고 몰상식하고 주책없는 행위로 여겨지게 되었을까.

아무래도 그것은 엄마 젖 대신 소젖을 팔아먹기 위해 장사꾼들이 조장해 낸 허위 의식이란 생각을 떨칠 수가 없다. 너희 아가들이 배가 고프다고 보채면 엄마가 젖을 물리고자 하는 것은 지극히 당연한 생명의 원초적 본능에 해당한다. 그런데 그것을 한데서 대소변을 보는 것과 같은 몰지각하고 야만적인 행위로 몰아붙이는 풍토이니 급기야 바깥 볼일을 볼라치면 엄마처럼 우유 병을 싸 들고 나올 수밖에 없는 것이다. 뿐만 아니라 분유회사들은 '젖은 우유보다 칼슘이 부족하다, 분유에는 아이 머리를 좋게 하는 무슨 영양소를 첨가하였다, 젖을 먹여 키우면 아이가 독립심이 발달하지 못하고 의존적이 된다'는 등 과학적으로 영양학적으로 교육적으로 갖은 치장을 해대며 아이를 볼모로 온갖 선전을 퍼부어 댄다. 그 장사꾼들의 날름거리는 혓바닥에 속절없이 당할 수밖에 없는 에미 심정. 한갓 소젖을 많이 팔아먹으려는 상술이 사람들의 사고를 조작하고, 세상의 무엇보다 강하다는 모성조차 이토록 강탈당하고 있구나.

거기다 엄마 젖에서조차 중금속이 검출되었다는 보고는 이들 소젖 광고들이 영양 타령을 하면서 판을 칠 수 있는 좋은 명분이 되곤 한다. 매끼 먹는 밥이며 찬거리, 야채, 과일 할 것 없이 온통 농약, 중금속 오염에 방부제, 착색제 갖가지 유해 식품들이 우리 식탁에 상륙하여 건강을 위협하고 얄팍한 상술에 우리 전통적인 먹거리 문화가 파괴당하기 시작한 지는 이미 오래.

급기야 요즘엔 젖을 먹여 키우면 여성을 잃으니 미용상으로 보아 체형을 유지하고 행복한 부부 생활을 영위하기 위해 우유를 먹이라고, 애한테도 좋고 엄마한테도 좋고 일석이조 아니냐고 우리 엄마들의 눈과 귀를 또 한 차례 어지럽히는 지경에 이르고 있다. 그리하여 불어터지는 젖을 싸매고 호르몬 약제를 먹으며 몸을 헤쳐 가면서 상업화된 여성상을 추구하는 그야말로 모성이 파괴되는 반인륜적 행위가 서슴없이 자행되고 있는 오늘의 가슴아픈 현실인 것이다.

아가! 너도 여자지만 우리 여성들이 매일 텔레비전이나 각종 매체, 갖가지 문화 양식을 통해서 한편으로는 남성의 성적 노리개, 한갓 도락화된 사랑의 대상으로 조작된 허상을 강요받고, 한편으로는 어머니 아내 며느리라는 이름으로 한 집안의 안정과 평화를 위해 삶 전체를 송두리째 희생당하는 쭉정이 같은 인간상을 강요받아 온 것은 어제 오늘의 일이 아니다. 이 사회가 우리 여성들의 경제적·사회적 불균등에 의해 유지되고 있다는 정말 밝혀져야 할 사회의 기본적 갈등은 은폐된 채 우리 여성들의 삶을 도락화하고 상품화하는 그야말로 여성의 아름다움, 미학이 돈에 의해 조장되고 소비를 위한 쾌락으로 분칠되는가 하면 세상에서 강한 이름 어머니라는 존재 또한 그 절대적 사랑이라는 이름 아래 전 삶을 빈 껍데기로 털려 왔던 것이다.

그러나 비단 이런 속임수에 당하는 것만이 아픈 현실이 아니다. 문제는 우리 엄마들이 그 문제의 본질을 꿰뚫어 볼 수 있는 눈이 사실상 흐려져 있다는 것이 더욱 심각하다. 우리 여성들 자신이 그 간의 지배 문화가 조장해 낸 허위 의식에 물들어 스스로 보수화하는 내력, 부패하는 내력을 가지고 있으니 이 장막에 가리운 채 문제가 더욱 걷잡을 수 없는 곳으로 치닫고 있는 것이다. 따라서 눈을 화들짝 뜨고 우리 여성을 이 사회의 생산을 담당하며 살아가는 당당한 생산의 주체, 남성과 똑같은 인간, 사회적 존재로서가 아니라 남성을 위한 부수적 존재, 쾌락의 도구로써 그 삶을 종속적으로 몰아가려는 어떤 의도가 조장해 낸 관념을 떨쳐 내야 한다. 그리하여 우리 아이를 지키고 엄마 자신이 이 거대한 사회를 날마다 일으키고 새로운 방향으로 이끄는 또다른 생산의 주체로서의 자기를 일깨워 가지 않으면 안될 것이다.

일하는 엄마라서 소젖을 먹일 수밖에 없는 사정이므로 어쩔 수 없다고 주저앉는 것이 아니라 직장에 탁아소를 만들고 엄마에게 수유 시간을 주고 외국에서처럼 모유 은행을 만들어 아이에게 소젖이 아니라 사람의 젖을 먹고 자랄 수 있도록 국가적·사회적 제도를 만들 것을 당당히 요구해야 한다. 또 거리 곳곳에는 이 나라의 장래를 짊어지고 갈 우리 아이들과 진정한 모성의 회복을 위해 수유 장소가 곳곳에 만들도록 촉구해야 한다. 그것이 엄마도 살고 아이도 살고 그리하여 한 가정이 살고 나라의 기강이 살며 인류도 사는 길인 것이다.

엄마로서 아이에게 바친 희생의 대가를 올바로 거머쥘 수 없는 한,

그 절대적 사랑인들 진정한 여성의 전진을 가로막는 악덕에 불과하고, 저 날마다 조장되는 상업주의 상술에 눈이 쏠려 자기를 잃고 아이를 잃고 가정을 송두리째 팔아먹는 잘못된 모성, 목놓아 울기만 하는 모성은 결코 아름다울 수가 없는 것이다. 지금은 우리 에미들의 끝모를 사랑, 개인적 헌신이 이 사회의 악덕을 가르는 숭고한 생산의 어머니의 그것으로 다시 깨어날 때이다.

앞으로 엄마가 일을 시작하면 너 또한 진짜 먹거리를 빼앗길 판인데 먹거리조차 강탈당하고 엄마의 모성 본능까지 유린하려는 저 자본의 흉악한 음모에 너를 보듬고 돌아오는 길이 결코 가벼울 수가 없구나.

나도 아빠처럼 될래요

　이아름, 여기가 책방이야. 책이 참 많지. 어떤 책을 읽을까? 엄마 등에 업혀 있지만 눈여겨보렴. 네가 처음 볼 책인데. 잘 골라야지. 이건 여러 가지 우리 생활 주변에서 쓰이는 물건들 이름을 그려 넣은 거구나. 너의 정서를 폭넓게 해줄 동화책도 있고. 이건 또 뭐지? 참 작은 책이네. 브루너 그림책, 너희 갓난쟁이들을 위한 것인가 보다. 그런데 왜 첫장부터 포크, 디쉬 이런 걸 그려 넣었을까? 외국 사람이 그린 그림책을 그대로 베껴서 그렇다지만 해도 너무 하는구나. 숟가락, 젓가락, 밥그릇이지, 포크, 디쉬가 뭐냐? 우리나라 어린애들보고 남의 나라 말, 남의 문화부터 알라니? 아무리 장사속이라지만 너희들의 양식이 되어 줄 책인데 이렇게 무책임할 수가 있을까? 이건 무책임 정도가 아니라 우리 어린애들을 첫판부터 아예 국적 없고 외국 놈들 따라지나 만들겠다는 수작이 분명하다. 우리나라 수도 서울 한복판에 외국 군대가 와서 주둔하고 있고 우리 민족이 남과 북으로 갈라서서 총부리를 겨누고 이 나라 이 땅이 나라가 갈린 아픔에 속이 다 문드러질 대로 문드러졌는데 어쩌자고 너희 갓난쟁이들이 가장 먼저 대하는 책에 이처럼 무서운 음모가 도사리고 있더란 말이냐. 우리 아기에게 마음을 살찌우고 앞으로 살아 나갈 길눈을 틔울 책을 들려주려는 이 감격적 순간에 엄마는 기가 막히고 분통이 터져 어찌할 바를 모르겠구나.

　엄마가 어렸을 때는 지금처럼 책이란 게 흔치 않았다. 외할아버지 무릎에 앉아 한없이 가기만 하는 우리 옛이야기, 우리 조상들의 삶의 내력이 엄마의 어릿떼 양식이었지. 볼거리 읽을거리도 없었지만 우리 집안은 원래가 타고난 이야기꾼의 집안이거든. 장산곶매 이야기, 곧은 목지 이야기, 명석말이 열두 마당, 골국떼 이야기, 이심이 이야기 등이 엄마랑 외삼촌, 이모들이 칭얼거릴 때면 외할아버지가 들려주시던 우리의 위대한 옛이야기들이란다. 그러다 엄마가 조금 커서 난생 처음 책이라는 걸 붙들게 되었는데 그것도 한두 권이 아니라 소년 소녀 세계 동화 전집, 위인 전집 등 이십 권, 오십 권 짜리 전집류였다. 그 당시로서는 엔간한 집 애들은 구경도 못하는 것으로 그때나 이제나 학교 선생님이신 외할머니가 구두도 없이 다 떨어진 고무신짝을 끌고 다니시면서도 기를 쓰고 사주신 덕에 그처럼 많은 책을 한꺼번에 대할 수 있었단다. 그러나 그 내용으로 보면 외할머니가 그중 골라 주신 그나마 이름 있는 출판사의 제법 겉모양은 갖춘 책들이었는데도 일본 책을 보고 대충 번안해서 만든 것이라 교육철학이 담겨 있을 리 만무. 서구 중심의 동화로 어렸을 때부터 사대주의를 조장하거나 쓸데없는 소영웅주의를 길러 주는 이른바 위인들의 이야기로 진정한 민족 의식을 싹트게 할 여지는 애초에 없는 것이었다. 그 책들이 아직도 내용 수정 없이 그대로 팔리는 현실이니 더 말할 나위도 없지만. 그런데 문제는 국민학교에 들어가는 그 순간부터 더욱 간단하지가 않았다. 일 학년 국어 책을 펴 들자마자 '바둑아 바둑아. 나하고 놀자' 글씨 밑에 철수와 영이란 아이가 바둑이와 뛰노는 그림이 그려져 있는데 네 외할아버지께서 그걸 보시곤 가만 계실 리 없지.

"아니, 국민학교 일 학년 국어 책에 첫판부터 개새끼라니. 사람이 일구어 놓은 세상에 이에 대한 가장 원초적인 의식이 싹틀 무렵 개새끼부터 불러 대면 이 애들이 장차 커서 무얼 보고 어떻게 살아가겠니?"

외할아버지의 분통은 네 외삼촌 이모들이 줄줄이 국민학교에 들어갈 때마다 휴화산처럼 폭발했고 우리들은 애꿎은 책가방만 물어뜯으며 학교와 집 사이를 우왕거려댔지. 그런데 이제는 아주 어릴 때부터 노골적으로 말이며 매일 먹는 밥그릇 숟가락까지 아예 바꿔 놓아 너희들 의식을 송두리째 외국놈 하수인의 그것으로 바꿔 놓겠다고 작정을 하고 나서고 있으니 이 나라가 장차 어찌되려고 이 모양일까? 이따위 서구 중심의 이식 문화, 식민 교육, 분단 사관의 소산들은 사그리 쓸어다 불을 놓아도 시원찮을 참으로 통탄할 지경이다.

그래 아름! 너는 첫판부터 이런 잘못된 세상에 놓인 거다. 그러니 어쩌면 좋겠니? 아직 여섯 달밖에 안된 꼬마지만 이 세상의 되어 먹은 꼴이 어떠한 것인지부터 똑바로 알아 갈 수밖에. 그래도 아주 죽으란 법은 없는 법. 너희들의 삶의 길눈을 제대로 터 주기 위해 애쓰는 사람들도 어딘가 있겠지. 없다면 엄마가 새로 책을 써서라도 너희들을 제대로 길 잡아갈 수 있도록 있는 힘을 다해 볼 참이니 어디 눈 바로 뜨고 이 나라의 양심을 찾아보자. 너처럼 아주 어릴 때, 동물적인 본능으로부터 사람으로서의 가장 원초적인 의식이 싹틀 무렵부터 사람들의 삶의 문제를 느낄 수 있도록 길잡이가 될 수 있는 글을 말이다. 그래야 네가 엄마가 느끼는 분노, 오늘의 우리 삶 전체를 옥죄이는 인간 문제의 중심이 무엇인지, 그걸 해결하려는 우리 민족사의 노력이 어떻게 여울져 왔는지, 엄마 아빠는 또 삶 속에서 그러한 문제를 어떻게 부여잡고 극복을 위한 노력을 기울여 왔는지 네 스스로 눈을 틔우고 너의 삶을 제대로 이끌어 가야 하는 게다.
 다행히 여기 있구나. 아주 썩 맘에 드는 건 아니고 너에겐 아직 어려운 얘기가 될지 모르겠지만 그래도 이 정도면 엄마가 안심하고 너에게 첫 번째로 권해 줄 만한 책이다 싶다. 읽어볼까?

우리 집은 공단에 있어요.
공단에는 공장이 많아요.
공단은 요술쟁이예요.
온갖 물건을 다 만들어 내니까요.
내가 입고 있는 신발도 만들고,
누나가 입고 있는 옷도 만들어요.
엄마가 부엌에서 쓰는 칼도 만들고,
우리가 보는 텔레비전도 만들어요.
우리가 잘먹는 사탕도 만들고,
우리가 타고 다니는 버스도 만들어요.
우리 동네 사람들은 모두 부지런해요.
아침 일찍부터 밤늦게까지 일을 해요.
우리 아빠도 공장에 다녀요
나는 아빠 얼굴을 못 보는 날이 많아요
엄마는 집에서 꽃을 만들어서 공장에 팔아요.
누나하고 개울가에 갔어요.
공단의 개울물은 너무 더러워요.
시냇물처럼 맑았으면 좋겠어요.
나도 크면 공장에서 일하고 싶어요.
(「나도 아빠처럼 될래요」 전문. 보리 지음 웅진 출판 주식회사 1991)

아름, 네가 입고 있는 옷, 덮고 자는 이불, 장난감, 과자, 유모차 등 등 이 물건들은 모두 이런 공장에서 우리 이웃들이 만들어 낸 것이란 다. 물론 엄마가 네 이불과 옷을 만들고 죽을 쑤어서 너에게 맛있게 먹이는 것처럼 공장을 통하지 않고 직접 사람의 손으로 빚어 만드는 것도 있지. 그러나 대부분의 물건은 여기 이 그림책에서처럼 사람의 손길이 기계를 움직여 만들어 내는 것이란다. 따라서 하나하나의 물건 마다엔 그걸 만들어 낸 사람의 손길이 배어 있지. 그걸 느낄 줄 알아야 해. 혜진이 언니네 아빠는 자동차 공장에 다니거든. 엄마랑 어디 갈 때 타고 가는 자동차가 바로 아저씨네 공장에서 아저씨가 여러 사람들과 같이 만든 것이야. 아빠도 전에 배 만드는 공장에 다녔단다. 얼마전 엄마랑 아빠랑 한강에 갔었지? 거기 떠 있는 커다란 배 말이야. 엄마도 가방 만드는 공장, 구두 만드는 공장에서 가방도 만들어 보고 구두도 만들었지. 또 네가 좋아하는 큰 이모도 옷 만드는 공장에서 재봉틀 일을 하다가 너무 일을 많이 해서 병이 났어. 그래서 허리가 많이 아픈 거야. 공장에서 일하는 것은 매우 힘들단다. 그러니까 큰 이모처럼 병도 나고 그렇지만 병이 난다고 일을 안할 수는 없거든. 일을 안하면 돈을 안주니 그러면 쌀도 살 수가 없고, 차도 탈 수가 없고 병원도 갈 수가 없고 그러니까 아무리 아파도 일을 하지 않으면 살 수가 없지. 욕심 같아선 더 많은 이야기가 담겨져 있으면 좋겠지만 그러나 너무 많은 걸 한꺼번에 알 수는 없겠지. 차근차근 배워 나가자꾸나. 엄마는 네가 주변에서 많은 사물들의 이름을 익혀 가는 것도 중요하지만 그 물건 하나하나에서 사람들의 숨결을 느끼고 너도 그렇게 앞으로 크면 그렇게 일을 하며 살아가야 하니까 거기서 너도 사람 살아가는 법, 그리고 그것에 의해 움직여지는 이 세상의 생긴 모습을 깨달아 가기를 바라는 거야.

그런데 사람들은 공장에서뿐만 아니라 여기저기서 일을 하며 살아가고 있거든. 엄마 아빠가 매일 먹는 밥, 그건 저기 시골에서 우리 농사꾼 아줌마 아저씨들이 벼농사를 지어 쌀로 만들어 우리 밥상에 놓이는 거고, 아름이 잘 먹는 감자, 귤, 사과도 씨뿌리고 나무 심고 풀 뽑고 거름주고 정성 들여 가꾸어서 시장에 내놓으면 엄마가 가서 그걸 사올 수 있는 거야. 또 할머니 댁에 가면 따뜻하지? 하루종일 연탄불을 때니까. 그런데 그 또한 저기 탄광에서 광부 아저씨들이 죽음을 무릅쓰며 석탄을 캐고 공장에서는 다시 연탄을 만들어 그걸 연탄 아궁이에 넣으면 방을 따뜻하게 하실 수 있는 거야. 또 아름이 좋아하는 미역국하고 생선은 바닷가에서 어부 아저씨, 아줌마들이 한겨울에도 배를 타고 나가 고기를 잡고 미역을 건져 우리 밥상까지 건네온 거지. 이처럼 우리가 사는 세상은 모든 사람들이 저마다 일을 하고 톱니바퀴처럼 맞물려서 움직여지고 있단다. 물론 하루아침에 이루진 게 아니라 수천 년 동안 사람들이 살아오면서 오늘에 이른 것이지. 아름, 마침 그런 시골 농촌과 바닷가 마을 탄광 등에서 일하는 사람들의 얘기를 그려 넣은 책도 있구나. 우선 이거면 네가 여러 사람들이 살아가는 모습은 볼 수 있겠다.

엄마가 너무 욕심이 많은가. 우리 어린 아가에게 한꺼번에 이렇게 많은 책을 다 보여주려고 하다니. 하지만 부지런히 일하는 삶 어느 것 하나 소중하지 않은 것이 없으니 우선 가지고 가서 하나하나 차근차근 되씹어 보자꾸나. 우리 이웃들이 어떻게 살아가나 눈여겨보며 네가 살아갈 세상을 가늠해 보려무나.

우리 아가가 엄마 등에서 많이 힘드니? 이제 집에 가서 젖 많이 먹고 편히 앉아서 엄마랑 책도 보고 이야기도 하고 노래도 하고. 아까 그 서양 그림책 때문에 마음이 많이 상했는데 그 출판사에 전화를 걸어 한바탕 항의도 하자꾸나.
책방 아저씨 잘잘!

색색이죽

　불린 찹쌀에 콩물을 받아 시금치 데친 거 한 잎, 빨간 무 두 쪽, 양파 사분의 일 쪽, 감자 두 쪽, 밤 한 톨, 버섯 데친 거 한 개, 호박 두 쪽, 마늘 한 쪽. 또 뭘 넣을까? 다시마 한 조각, 미역 한 줄기 이제 다됐나? 멸치 가루, 새우 가루가 빠졌구나. 팔팔 끓이고 포옥 익혀서 참기름 한 방울 똑. 다시 한소끔 끓이면 오늘 너의 먹거리는 마련된 거지?
　아침엔 딱 반 공기만 먹자. 호호 불어서 쏘옥, 맛있니?
　우리 아가, 잘도 먹는구나. 오늘은 엄마가 출판사에도 가야하고, 책방에도 가야하고, 시장도 좀 봐야 하니까 힘들더라도 같이 나가자. 네 도시락을 싸야지. 색색이죽 도시락. 밤 삶은 것, 우유 한 병, 사과 한 톨 저며서 넣고, 이제 됐다. 새 옷 갈아입고 엄마 옷 입고 맬까, 업을까? 유모차 타고 갈래? 네 손수건하고 양말은 네가 매고. 자 이제 출발!

　정성이 뻗쳤다고들 한다. 대충 먹여서 키우지, 뭘 그리 법석이냐고. 가는 곳마다 죽이며 삶은 밤, 옥수수떡 등속을 싸 들고 다니며 때맞추어 아무 데서고 아랑곳없이 떠먹여대니 보는 사람마다 한 마디씩이다.

늦은 결혼에 애 하나 낳더니 푹 빠진 모양이라고 저마다 한 마디씩 거들었다.

　그 흔한 아기밀인지 하는 이유식 한 번 사 먹여 본 일 없이 아이가 여섯 달로 접어들면서부터 날마다 있으면 있는 대로 없으면 없는 대로 아침이면 제일 먼저 하는 일이 아이의 죽을 쑤는 일이었다. 귀찮지 않느냐고 하지만 매일 집에 있는 처지도 못되고 아이가 낯을 많이 가리고 남의 손에서는 잘 먹지를 않으므로 멜빵에 매기도 하고 업기고 하고 가벼운 유모차에 태워 끌고 가다 차를 탈 때면 아이를 안고 유모차를 접었다가 내리면 다시 펴서 아이를 태우고 이곳 저곳 다녀야 했으므로 먹는 것만큼은 변화 없이 안정되게 마련해 주어야 겠다는 생각에서 시간을 맞춰 그 죽과 간식들을 먹였다. 젖을 오래 먹어서인지 우유·이유식을 별로 좋아하지 않은 탓도 있었지만 우선 우리 입맛을 배이게 하는 것이 중요하다고 생각했고, 무엇보다도 이유식은 우리 어머니들이 그렇게 하셨듯 찹쌀 가루 등 곡식 가루가 최고의 보양식으로 여겨졌다. 거기에 갖가지 비타민 등 무기질이 풍부한 야채를 곁들여 이른바 인스턴트가 아닌 재래식 방법으로 아이의 이유식을 마련하는 일은 생각보다 훨씬 간편하고 무엇보다도 처음부터 버릇을 들여놓으면 아이가 잘 먹어 줘서 수월하게 할 수 있었던 것 같다. 요즈음도 아름이는 콩밥을 가장 좋아한다. 시금치나물, 홍당무 날 것, 감자, 소금 찍어 먹는 고기(삼겹살), 달걀노른자, 동치미 등이라면 달겨들어 먹곤 한다. 국은 미역국, 토란국, 된장국, 뼈다귓국 가리지 않고 푹푹 말아서 김치만 해서도 잘 먹는다. 밤, 옥수수, 고구마 삶은 것을 앉은 자리에서 어른 양만큼 먹어대는 아름이. 가리는 것 없이 잘먹는 아이, 아름이는 신체적 활동이나 정신 활동에 적극성을 띨 것이라 믿는다.

놀이방 찾아 뱅뱅

 요즈음 엄마하고 하루종일 있어 보니 어떠니? 엄마가 짜증이 많아진 것 같지? 새로운 시작을 위한 고민도 많은데 생활고 때문에 종일 컴퓨터에 붙어 앉아 번역하고 잡문이라도 써야 하고 거기에 끝이 없는 가사노동…… 이래저래 밤잠을 못 자고 항상 피로에 지쳐 있는 정신적으로나 육체적으로 녹초가 되어버린 탓이야. 무엇보다도 너와의 시간을 많이 할애하지 못해서 정말 미안하다. 늘상 시간에 쫓기는 엄마, 이해시키고 기다려 주기보다는 별 문제 아닌데도 소리부터 지르게 되고. 눈을 동그랗게 뜨고 넋을 잃은 듯 엄마의 행태를 침묵하며 지켜보다 혼자 손을 빨고 자는 너를 보면 스스로 기가 막혀서 가슴을 치는 적이 한두 번이 아니다.
 엄마가 동네 마실도 잘 안 다니니 함께 놀 동무도 없이 혼자서 이 궁리 저 궁리하며 빙글빙글 엄마 주위를 맴돌고. 그러나 아름! 너도 이제 두 돌이 다되어 가니까 집, 부모라는 울타리 속에서 온실 속의 화초처럼 자랄 것이 아니라 동무들과도 사귈 줄 알고 네 스스로 살아 나갈 수 있는 생활 능력을 기르고 그런 가운데 나름대로 너의 세계를 일궈 가야 한단다. 어딘가 찾아보면 네가 마음놓고 뛰놀 수 있고 사회성과 창조적인 생활 능력을 기를 수 있는 공간이 있을 거야. 아빠는 아직 네가 너무 어리고 또다른 아이들에 비해 예민한 편이어서 자칫 잘못하면 마음의 상처를 줄 수 있다고 좀더 두고 보자고 하지만 엄마로서는 지금의 상태가 지속되는 것이 오히려 너에게 좋지 않은 영향을 끼칠 것 같아 궁리를 해 왔지. 하루에 몇 시간만이라도 엄마가 일에 집중할 수 있는 시간이 확보되고, 너 또한 사회생활에 적응할 수 있는 공간이 있다면 더할 나위 없지 않겠니? 그래 엄마와 네가 힘을 합치면 이 어려운 고비인들 슬기롭게 넘을 수 있을 것이라 엄마는 굳게 믿었다.

그러나 정말 쉬운 일이 없구나. 어제에 이어 또 오늘 하루 내내 온 동네 놀이방을 죄 찾아다녔더니 허리, 다리 안 아픈 곳이 없는데, 피곤함은 둘째치고 앞으로 우리 생활에 드리울 그림자에 엄마는 벌써부터 신경이 곤두선다.

아까 너도 들었지? 엄마가 놀이방을 찾을 때마다 선생님과 하는 얘기.

"되도록이면 아이가 자유롭고 자연스럽게 동무들과 어울려 놀 수 있고, 스스로 무언가 도모하고 책임질 수 있는 환경이면 좋겠어요. 끼니 잘 찾아 먹이고, 간식 잘 챙겨 주고 그러면 더 바랄 나위가 없겠네요."

"물론 그렇지요. 저희 놀이방은 그저 잘 먹이고 아이들끼리 웬만한 문제없으면 저희들끼리 어울려 노는 것을 가장 바라고 있지요. 그러나 다른 엄마들은 욕심이 많아선 지 무언가 가르쳐 주기를 바라는 사람들이 많네요. 이제 두세 돌박이 아이들인데 지능 발달이 세 돌 전까지 이루어진다고 지능 발달 프로그램, 재능 교육 등등. 종일반의 경우 오전 시간만큼이라도 시청각교육이든 노래·율동이든 해주기를 바라고 있어요. 어떤 엄마들은 '두리두리'나 '한글나라' 같은 한글 조기교육을 시켜 달라고 성화를 하기도 하지요. 극성스러운 것은 문제가 있지만 되도록 이면 아이들을 어릴 때부터 체계적으로 교육시켜야 한다는 생각에는 저희도 큰 이견은 없습니다. 저기 프로그램을 보면은 아시겠지만 저희들은 몬테소리 교육을 이 지역에서는 가장 제대로 실시하고 있다는 자부심을 가지고 있지요. 몬테소리 교육이란 바로 아이의 자발성과 창의성에 바탕을 둔…."

글쎄? 몬테소리든 삐아제든 외국 교육학자들의 어린이 발달 이론에 관한 비판적 이해와 통찰 없이 어린이 교육 프로그램의 기능적 측면만 그대로 우리 아이들에게 이식시켜 놓는 것이 얼마나 너희들의 정서와 사회성 발달에 도움이 될까? 체계적이라고 하지만 어떤 기준을 두고 그런 이야기를 하는 건지. 놀이방마다 벽에는 ABC 알파벳을 익히기 위한 조야한 걸개. 인지 발달, 감성 발달, 사회성 발달 등등 구분시켜 놓고 거기에 갖다 붙여 놓은 그림과 숫자, 글자들. 풀 나무, 돌부리 하다못해 모래조차 없는 아파트 안의 비좁은 공간의 먼지 구덩이. 간식으로는 100원 짜리 야구르트와 초코파이, 새우깡 몇 개가 고작인 그 곳에서 너희들의 지능, 개성, 정서, 사회성을 얼마나 발달시킬 수 있다는 걸까? 엄마가 선입관을 가지고 보아서 그런지는 몰라도 말이 조기교육이지 이런 수준의 조기 지능 교육이란 아예 하지 않는 것이 너희들의 올바른 성장을 가로막지 않는 길이란 생각이 드는구나. 오히려 마음껏 뛰놀고 동무들과 부대끼면서 사람과 사람의 정을 키우고 올바른 관계를 맺어 갈 수 있도록 이끌어 주는 가운데 쑥쑥 키가 자라고 잔뼈가 굵어지며 사람의 꼴을 갖추어 갈 테지. 도처에 너희 꼬맹이들을 상품화하는 상업주의 문화가 도사리고 있는 판에 놀이방이라고 이 사회의 구조적

맹점이 문어발을 드리우지 않을 턱이 없을 터. 너희들이 어떠한 인간관계를 맺고 사회에 대한 눈을 틔워 갈 것인지, 그리고 사람 사는 세상에서 가장 중요한 것이 무엇인지 깨닫는 가운데 삶의 목표를 아주 어릴 때부터 다잡아 갈 수 있는 그런 곳, 너희들에게 진짜 필요한 정서교육, 인간 교육의 차원을 어떻게 실제적으로 이루어 낼 것인가에 대한 깊은 고민과 실질적 노력이 이루어지고 있는 그런 마당은 어디 없을까?

　엄마의 고민을 아는지 모르는지 어느새 소리 없이 홀로 잠이 든 아름! 벌써 속옷이 이렇게 작은 걸 보니 많이 자랐구나. 엄마는 네가 그저 바르고 씩씩하게 자라 주었으면 더 바랄 것이 없는데. 국가가 사회복지 차원에서 아이들을 안심하고 맡길 수 있는 공간을 제도적으로 장치화하여 엄마의 육아 부담을 덜어 주고 사회의 일꾼으로 자기의 역량을 발휘할 수 있게 하고, 교육의 지표를 바로 세운 가운데 백년지계 속에서 유아 놀이마당부터 각급 교육기관에서 올바른 교육과정을 실현하게 하면 너희들이 마음껏 뛰놀며 이 사회의 미래를 짊어질 자질을 제대로 발달시켜 갈 수 있으련만. 사회제도는 커녕 각 가정에서 가계 부담을 안고 돈을 내고 놀이마당을 찾아가는 것조차 이렇게 마음먹은 대로 할 수 없는 안타까운 현실이라니 정말 있는 대로 화가 나서 견딜 수가 없구나. 놀이방 벽마다 스티로폴 판에 그림들을 붙여 놓느라 꽂아 놓은 핀조차 눈에 찔리지 않을까 마음이 놓이지 않는 엄마의 소심증은 그들 놀이방 가운데 한 곳을 정해서 당분간이라도 네가 낮시간을 보내게 할 수밖에 없는 어찌할 수 없는 상황에 뒤채여 더욱 도져 온다.

미운 네 살의 세상

요즈음은 미운 일곱 살이 아니라 미운 네 살이라더니 이제 겨우 두 돌 네 달을 살았지만 해를 넘기고 우리 나이로 네 살을 먹자마자 너는 있는 대로 고집을 피우기 시작이구나. 네 살이므로 무엇이든지 네 개여야 되고 하다못해 우유를 마셔도 네 번 마셔야 하고 코코아를 타도 네 숟가락을 넣어야 하고, 세수도 네 번, 게다가 노란 색을 좋아하므로 무엇이든지 노란 색이어야 한다는 너의 고집 아닌 고집에 엄마는 그야말로 난감 그 자체다. 혹시나 하루종일 너와 시간을 보낼 수 없는 엄마에 대한 목마름을 그렇게 표현하는가 싶기도 하고.

그러나 그것을 너 나름대로의 세계를 만들어 가고 네가 이 사회와 관계를 맺고 살아가는 방법으로 이해하려고 하지. 누구나 자신의 규율을 만들어 가는 과정이 있거든. 다만 그 규율이 자기만을 위한 이기주의적 소산이 아니라 이 사회에서 더불어 살아 나가기 위한 사람과 자연, 사물과의 관계의 표현으로써 자리잡아 나갈 수 있도록 올바른 규율에 대한 이해를 시키고 그리하여 또한 규율 그 자체가 하나의 강요된 강제가 아니라 너를 지탱하고 이 사회 속에서 살아 나가는 철학, 살아

나가는 방법, 다시 말하면 가장 인간적으로 자기 생활을 규율화해 나갈 수 있게끔 이끌 수 있을까 엄마는 많은 고민에 싸인다.

무엇보다도 너는 너 혼자가 아니라 엄마 아빠 등 우리 가족들의 다양한 사회 활동·가정 생활 속에서 영향을 받고 있고, 또래의 동무들, 좋아하는 책·비디오 등 간접적인 경험을 통해서 너의 삶의 폭과 깊이를 더해가고 있다. 때문에 엄마나 아빠는 말이나 행동 하나하나에도 신경이 쓰이고 무엇보다도 이제 막 의식이 형성되어 가는 너를 어떻게 이끌어 갈 것인가? 말하자면 가정교육을 올바로 해야 하는 입장에서 어떠한 관점을 가지고 일관된 원칙 하에 부모와 자식, 나아가 동시대를 살아가는 사람으로서 더불어 살아갈 수 있는 바탕을 만들어 줄 것인지 여간 걱정이 되는 것이 아니다.

너를 낳기 전에는 낳으면 어떻게 되겠지 했는데 막상 네가 태어나고부터 나름대로 계속 원칙을 가지고 키우며 함께 살아가야겠다고 생각해 왔고 무던히 애를 쓰기는 했다. 그러나 늘 새로운 상황, 예기치 않은 일에 부딪혀 너는 전혀 엉뚱한 반응을 보이기 예사고 그래서 허둥대다 보면 잘한 것인지 잘못한 것인지 너한테 어떠한 영향을 끼칠 것인지 영 불안하기 짝이 없다.

엄마 아빠가 부모로서 무엇보다도 너를 교육해야 하는 가장 큰 책임을 가지고 있다는 교육자의 입장에 서야 한다는 것이 가장 큰 무게인 것 같다. 엄마의 경험으로 보아 모름지기 교육이란 어떤 권위를 바탕으로 하지 않으면 이루어질 수가 없다. 교육자의 인격과 평소에 느껴지는 그 사람의 가치를 반영하는 권위 말이다. 그러고 보면 엄마 아빠라고 해도 모두 각자의 사람됨이나 일상생활에서 교육자로서의 권위를 너로부터 부여받고 인정을 받을 때 올바른 교육이 행해질 수 있다는 얘기가 되는데 현실은 어떨까? 엄마 아빠는 너를 키우는 데 있어서 사소한 문제에서도 쉽게 마찰을 빚고 그래서 언성을 높이게 되며 때로는 전혀 너와는 상관없는 엄마 아빠의 문제로부터 본의 아니게 너에게 화살이 가해지는 경우도 종종 있어 왔다.

더더구나 너는 책이나 무엇보다도 대중매체, 그리고 할머니 할아버지 등 가족들과 또 네 또래의 친구들이나 동네 사람들과 만나는 과정에서 부단히 영향을 받게 되고 그로써 너는 엄마 아빠가 전혀 생각지 않은 방향에서 살아가는 방법을 채택하고 너의 세계를 일구기도 한다. 물론 엄마 아빠가 교육하는 사람의 입장에 서서 너를 다양한 사회적 관계 속에서 성장하도록 해야 한다는 원칙을 갖지 않은 것은 아니다만 그 또한 많은 어려움에 부딪치게도 한다.

따라서 아름, 엄마가 어렵다고 느끼는 문제는 다름이 아니다. 물론 너는 다양한 사회 환경 속에서 스스로 대처하는 저항 능력을 길러 나가야 한다. 모든 일에 엄마 아빠가 나서서 해줄 수는 없고 여러 사람과 사물 속에서 더불어 살아가는 사회적 존재로서 너의 생존 능력과 사회적 노동으로서 너의 존재 가치를 확인해 나가야 할 줄 안다. 그런데 그러기 위해서는 무엇보다도 올바른 가정교육이 너의 바른 성장에 밑거름이 되어야 할 것이다. 엄마 아빠가 부모로서 네가 올바로 자라날 수 있는 제반 조건을 마련해 주어야 하고 그것은 무엇보다도 엄마 아빠의 절제력, 스스로 권위를 획득해 갈 수 있는 노력이 전제되어야 함을 뼈저리게 자각하게 되는 것이다. 그러나 생각은 앞서면서도 쉽게 되지 않는다. 네가 이 사회에 너의 창조적 능력으로써 적응해 나가게 하자면 무엇보다도 이러한 가정교육을 통해 인간으로서 살아가는 규율을 획득하게 해야 할텐데, 그러한 교육의 목표와 계획을 구체화한다는 일이 사실상 쉽지 않은 것이다. 교육에 있어 사소하고 하찮은 일이 없지. 그래서 엄마 아빠에게는 끊임없는 애정과 성실함과 인내가 요구되고 그 속에서 너와의 모든 관계에 일정한 규율을 만들어 가지 않으면 안되는 것이다.

아름, 이해할 수 있니? 가장 기본적인 생활 습관부터 올바로 제어하고 스스로 그 모든 일에 대해 판단하고 책임을 질 줄 알게 하는 일은 바로 지금부터 시작되어야 하는 것이다.

오늘도 너는 책을 스무 권 넘게 보았고 제자리에 꽂는 일에 대하여 엄마와 한참을 실갱이를 했다. 네 놀이방은 항상 어지러 진 채로 엄마와 긴 시간 씨름을 해야 그나마 앉을 자리가 마련되곤 한다. 밥을 먹는 태도도 일정하지 않고 시간 또한 마냥 너하고 싶은 대로이다. 엄격하게 하자 해도 금세 마음이 아파져서 사정을 하거나 엄마가 후딱 처리해버리거나 신경질적으로 너에게 화를 내기가 일쑤다. 아직은 엄마가 네게 교육자로서의 권위보다 그저 혈육에 대한 애정에 못내 겨운 든든한 기댈 곳 정도로 네게 인식이 되는 모양이다. 엄마도 너에게 퍼부어지려는 맹목적 애정에 대해 참으로 조절하기가 어렵다. 고집이 있는 건 좋다. 그러나 우리 가족 속에서만 네가 살아갈 게 아니라 이 사회의 일원으로서 사회적 존재로서 너는 이 사회의 건강한 일원이 될 사람이다. 따라서 엄마 아빠가 정말로 감내해야 할 것은 너를 사랑스런 자식, 눈에 넣어도 아프지 않은 내 새끼이므로 사회 속에서 올바르게 성장할 수 있도록 도와주고 이끌어 주어야 하는 것이다.

아름, 길은 한 번 잘못 들어서면 돌아서서 다시 바로잡아 가기가 쉽지 않다. 처음부터 우리 바른 길을 가자꾸나. 사실 그 동안 너무도 준비 없이 너를 맞았고, 사랑에 대한 올바른 관점도 서지 않았음을 시인한다. 이제부터라도 정말 열심히 노력해 볼 생각이다. 엄마 아빠의 엄정함과 성실함을 지켜봐 주렴.

인어 공주와 말괄량이 삐삐

　월트 디즈니에서 만든 인어 공주 만화영화로 애 있는 집마다 떠들썩한데 그러나 마녀만 나오면 울면서 냅다 도망치는 우리 아름!
　정말 엄마가 보기에도 흉측한 모습을 하고 있는 거대한 여자 문어 마녀의 모습이고 보니, 뭐가 무섭냐고 야단치기보다 어마어마한 미국 영화 독점자본이 아니고서는 도저히 연출해 낼 수 없는 그야말로 헐리웃 영화의 전통을 유감없이 자랑하는 미국식 만화영화의 오늘이 기어코 우리 안방까지 쳐들어와 이처럼 사랑하는 내 딸의 가슴에까지 못을 박는다는 생각에 가슴이 아니 떨릴 수가 없구나.
　기존의 덴마크 민간 전설 속에 나오는 인어 공주 이야기가 비극적 결말을 맺는 데 비해 남녀의 지고한 사랑이 사람과 인어의 종적 차이조차 극복하고 결국은 선이 악에 승리한다는 이른바 권선징악의 해피 엔딩의 귀결이 아이들 정서에 큰 도움이 된다고 엄마들마다 감탄해마지 않고 화려한 색채와 만화영화로서는 더할 나위 없는 구성, 빨려 들어 갈듯이 아름답고 다채로운 화면, 단 몇 초를 찍는 데 수억이 들었다는 자본과 컴퓨터 그래픽의 전문 기술이 빚어낸 영상에 넋을 잃는다.

그러나 바로 그 점에서 엄마는 오히려 고개를 흔들게 된다.

우선 마녀의 외형적 형상에 그토록 질겁을 한다는 점, 거기서부터 엄마의 생각을 말해 보면 이렇다. 무엇보다도 엄마는 네가 그 눈이 휘둥그레질 정도의 화려한 영상에 빨려 들어가기보다 마녀의 외형적 모습에 질겁하는 반응을 보이는 것이 매우 자연스럽다고 생각한다. 이 만화영화에서는 인어와 왕자의 사랑, 마녀와 트리톤 대왕의 바다 세계 지배를 둘러싼 갈등 구조가 줄거리를 이어나가는 큰 맥을 이룬다. 그러나 마녀는 왜 나쁜 마음을 가지고 인어 공주를 노리게 되었을까? 바다 세계를 지배하려는 마녀의 의도가 '비늘 달린 것들'에게 당해 온 그간의 분노 때문이라고 하는데 그의 실제적 내용과 사회적 계기는 전혀 전달되지 않은 채, 인어 공주의 아빠인 트리톤 대왕은 무조건 좋은 바다의 지배자로 그려져 있다는 사실이 상상 속의 동화 나라라는 설정만으로는 납득이 되지 않는다. 너희들이 읽고 있는 모든 동화책, 이야기책에는 왕, 왕비, 공주, 왕자, 신하, 천편일률적으로 과거 봉건 신분 사회의 지배 세계가 미화되어 그려져 있다. 거기서 왜 어떤 사람은 왕이고 공주고 왕자인데 어떤 사람은 밤낮 무지랭이인가 하는 것에 대한 의문은 아예 제기할 수 없게 되어 있다. 더욱이 지배 권력에 대해 도전하는 쪽은 무조건 마녀나 악마 폭도로 그려져 있지. 그것은 결국 이야기가 아닌 현실의 세계로 돌아와 보면 현실의 지배 세력에 대한 비판 의식, 저항 의지 자체를 무위화하고 불순화하려는 엄청난 의도가 깔려 있는 것은 아닐까?

꿈의 세계로서의 바다 세상 역시 약육강식. 적자생존 논리에 의해 지배되고 거기에는 치열한 삶, 늘상 잡아먹히고 피해 받는 것들의 피어린 삶의 과정이 있기 마련이지. 그러나 그러한 삶의 이야기는 쏙 뺀 채 이 만화영화에서는 그들 위에 군림하는 지배 세력의 화려한 삶, 그들을 위해 일생을 바치는 쭉정이 같은 삶만이 화려한 화면 구성을 통해 유감없이 펼쳐지며 아이들의 눈을 흐린다.

　인어 공주의 인간에 대한 호기심, 그에 대한 절절한 사랑이 주된 내용인데 그 사랑 또한 인간세계의 지배 권력으로서의 왕자를 대상으로 해서 닿아 갈 수 없는 꿈, 인간과 인어의 삶의 세계가 다른 데 따른 갈등으로서만 표현된다. 그러나 사실 따지고 보면 인간세계와 바다 세계의 차이라는 점만 있을 뿐 똑같은 지배 권력의 정점에 있는 공주와 왕자의 사랑이라는 점에서 이를 보는 너희들의 마음은 그저 현실에 뿌리내릴 수 없는 환상만을 좇게 만드는 결과를 초래하게 된다.

　하물며 늘 공주는 나약한 존재로 아름다운 옷을 입고 눈물만 지으면서 백마 타고 온 왕자의 구원의 손길을 기다려야 하는 존재로서 그려져 온 종래의 서구식 동화의 문제를 전혀 벗어나지 못하고 있다는 점에서 엄마는 정말 화가 나기까지 한다. 왕자가 안아 독이 든 사과가 목에서 굴러 나와서야 눈을 뜨는 백설공주, 왕자님의 뽀뽀 한 번에 백 년 동안의 잠에서 깨어난 잠자는 공주, 유리 구두를 찾아다니는 왕자의 손길에 마침내 계모의 학대로부터 구원받은 신데렐라. 하나같이 나약하고 의존적이며 온 나라 사람들의 무한한 사랑과 권력의 비호와 늠름한 왕자의 손길에 구원받는 머리가 노랗고 눈이 파란 이국의 왕녀들에 대한 너와 같은 우리나라 여자 어린이들의 꿈의 세계가 속절없이 점거 당한다는 생각을 하면 가만 두고 볼 수만 없는 것이다. 그 사대주의적 사고와 손에 물 한 번 안 묻혀도 세상에서 가장 아름다운 옷과 장식으로 치장하고 아름다운 미소를 잃지 않고 가장 멋진 남자와 사랑에 빠지는 공주의 환상, 지금은 힘들고 찌들어 살아가지만 언젠가 백마를 타고 유리 구두를 들고 찾아올 왕자님을 기다리는 신데렐라의 콤플렉스에 한창 나래 펴야 할 너의 꿈의 세계를 바꿔치기 당하는 걸 생각하면

도저히 참을 수가 없는 것이다.

 동화의 내용이나 주제 또는 그것이 제시하고자 하는 의미가 너희들의 사고와 생활에 어떤 영향을 미치고 있는가에 대해 고민을 해야 하는 것은 우리 부모들이고 교육·문화에 종사하는 모든 사람들의 몫이다.

 그러나 사회가 이처럼 복잡·다양해지고 가치관이 크게 변화해 가고, 무엇보다도 이 사회의 가장 인간적인 삶의 문제가 본질은 같더라도 내용과 형식을 달리하고 있는데도 봉건 신분 사회의 공주와 왕자의 사랑 이야기는 여전히 주종을 이루고 각종 장난감도 그들에 의해 점령당하고 있는 현실은 무엇을 말해 주는가. 너에게 책 한 권, 장난감 하나 권하려 해도 엄마는 늘 마음을 정하지 못하고 서성인다. 여자 애들은 소꿉장 아니면 옷 입히는 인형, 요즈음은 어른들의 옷과 똑같이 패션쇼를 하게 만들어 어린 너희들에게 벌써부터 소비 문화에 물들게 하고 남자 애들은 새로운 변신 로봇이 나올 때마다 엄마 아빠가 몸살을 앓아야 한다.

 엄마는 결코 너에게 여자다움의 신화를 심어 주고 싶지 않다. 순결하고 순종적인 집안의 천사 이미지를 이상화하면서 그로부터 벗어나는 여성은 인어 공주에 나오는 마녀로 파문, 남성의 권위에 도전하면서 주체성을 주장하는 여성은 마녀로 가차없이 매장되거나 하다못해 남자를 유혹하는 질 나쁜 여성의 이미지로 부각되는 그 어떤 허위 의식과도 과감히 싸우지 않으면 안되는 것이다.

 그런 점에서 요즈음 네가 즐겨 보는 '뽀뽀뽀'에 나오는 말괄량이 삐삐는 그나마 갑갑증을 덜어 주는 점이 없지 않아 엄마도 함께 보면서 너와 여러가지 이야기를 나누게 된다. 우선 말괄량이 삐삐는 서구적 사고 틀에서 공주나 신데렐라 같은 기존의 나약하고 의존적인 여성상을 탈피하여 빚어낸 근대적 여성상으로 그려지고 있다는 점이 마음에 든다. 도전적이고 진취적이며 자신의 주체성을 유감없이 발휘하는 말괄량이 삐삐는 기존의 여성미적 개념의 극복이라는 찬사를 받기에 그런 대로 의미가 있는 것 같다.

그러나 한편 자기 삶에 뿌리가 없는 떠돌이 말괄량이, 어떠한 생산적 계기를 갖고 있지 않는 삐삐의 아버지와 삐삐는 환상 속의 인물이지 현실의 어떤 생산적 계기에서 마침내 박차고 나온 역사적 인물형은 아니라는 점, 오늘의 인간 문제의 한편에 있는 너희들 여자 애들이 진정 느끼고 고민하고 해결해야 할 문제의식을 올바로 담고 있지는 못하다는 점에서 엄마는 또 실망감을 금치 못한다.

더구나 우리 아이들에게 보여주는 말괄량이 삐삐의 모습이라니, 머리는 빨갛고 코는 뾰쪽하고 거기에 등장하는 남자아이 인형들도 모두 노랑머리에 길쭉한 코 등 서구적인 외모로 그려져 있어서 마치 우리 아이들이 그러한 외형을 강요받는 양, 우리 사회에서도 어린 나이지만 그렇게 적극적이고 주체적으로 자신의 삶을 의연히 개척해 가고 있는 어린 여자아이들이 많은데 왜 그런 적극적인 인물형은 극화되고 있지 못한 것인지 안타깝기 그지없다.

요즈음 들어 부쩍 비디오에 빠져들기 시작한 아름, 엄마는 너에게 하루에 한 편, 아침 시간에 딱 한 번만 보도록 정해 놓아 그런 대로 지켜지는 편이지만 그 내용에 대한 규제는 사실상 매우 어려운 형편이다. 일본 만화 '호호 아줌마와 두두'를 벌써 두 번씩이나 섭렵한 너는 밤에 잠자리에서 옛날이야기 대신 호호 아줌마 이야기를 해 달라고 조르고 엄마는 되도록이면 좋은 우리 옛이야기나 엄마의 창작 이야기를 들려주려 실갱이. 또 두 돌도 안돼서 100곡을 넘게 더구나 우리 아름다운 가곡과 운동 가요까지 토씨 하나 안 틀리고 박자·장단도 정확하게 거기다 감정까지 제법 넣어서 멋들어지게 불러 대던 너는 요즈음 호호 아줌마 주제가와 두두 주제가. 뽀뽀뽀 노래에 빠져 그 전에 부르는 노래들을 하나 둘씩 까먹어 가고 있어 엄마를 아연하게 한다.

인어 공주를 마녀가 무서워서 안보는 만큼 엄마가 그렇게 새앙쥐라고 일러주었는데도 디즈니의 미키마우스 시리즈 비디오를 한 번 본 뒤로 동물들 이름은 모두 미키마우스, 미니마우스, 플루토 등으로 바뀌어 버렸다.

엄마는 정말 숨이 차다. 기껏 가려 주고 나면 어느새 도루묵일 뿐 아니라 생일 케이크에 저만치 밀려난 백설기 떡처럼 엄마의 안간힘은 뒷전이고, 너는 훌쩍 다른 세계를 향해 작은 나래를 쉴 새 없이 퍼덕인다.

하지만 결코 포기하지도 늦추지도 않으련다. 우루과이 라운드 협상이 타결되고 쌀 개방만이 문제가 아니라 이제 우리 삶을 넉넉하게 감싸 안았던 우리 문화가 그야말로 아닌 밤중에 한꺼번에 도난 당할 위기에 처해 있는 이때, 그대로 무장해제를 당할 수는 없는 일. 엄마는 너의 말 한마디, 비디오 한 편에 얽힌 실갱이가 너로 하여금 앞으로의 문화 침략에 과감히 도전하고 우리의 삶의 내용을 바뀌치기 당하지 않게 하는 훈련임을 잊지 않고 더욱 집요하게 펼칠 생각이다.

말하부이와 200원

"엄마, 빨리 빨리, 말하부이 왔져요"
'내 동생 곱슬머리 개구쟁이 내 동생…'
참 귀도 밝다. 벌써 창문에 붙어 서서 '엄마, 빨리 빨리' 손을 있는 대로 내저으며 좋아서 어쩔 줄 모르는 아름! 어쩌나 보려고 모른 척하니, 냉큼 부엌으로 쫓아와 '말 아저씨 왔져요' 옷을 잡아당긴다.
아직 10시. 조금은 이르다 싶은 시간인데 이제 나가면 한 시간은 족히 말을 타야 하는 너의 고집에 아침 시간을 그냥 고스란히 우두커니 앉아서 보내야 할 판이라 어쩔까 망설여 보지만 사실 별로 소용없는 저항에 불과하겠지. 벌써 현관에 나가 신발을 꿰어 신고 문을 탕탕 쳐대고 있으니 말이다. 그러면서 또 챙긴다.
"엄마 돈 두 개."
아름, 알고 있었니? 엄마의 놀라움은 네가 돈을 알기 시작했다는 것과 그러나 네가 말 한 번 타는 데 말 아저씨에게 드려야 하는 단돈 2백 원인들 그냥 주어지지 않는다는 걸 너한테 한 번도 설명하지 않고 그저 네가 '말' 그러면 말 태워 주고, '장난감' 그러면 장난감 사주고,

'책' 하면 책을 사주었던 엄마의 무심함과 무책임에 대해서이다. 너는 엄마가 늘 바쁘고 때로는 너를 할머니께 떼어놓고 외출을 하거나 집에서 문을 닫아건 채 열심히 책을 보거나 컴퓨터 앞에 앉아 무언가 한없이 두드리는 것을 자주 보았을 것이다.

늦게 들어오면 냉정하게 돌아서서 한 시간이 넘도록 눈길 한 번 주지 않는 너. 엄마가 우리 집안 살림을 꾸려나가기 위해 이리 뛰고, 저리 뛰고 원고지 메우느라 씨름한다는 걸 그러고 보니 너에게 한 번도 설명하지 않은 채, '엄마 바쁘니까, 할머니하고 놀아' 혹은 '엄마 어야 갔다 올게' 그렇게 일방적으로 통고만 해 왔구나. 그래서 너는 오늘 '엄마 돈 두 개' 아주 당연하다는 듯이 더구나 엄마가 잊어버릴지도 모르는 일을 네가 일깨워 주었다는 자부심까지 더해져 의기양양하게 요구를 해 온 것인가 보다.

아름! 그래 이건 전적으로 엄마 아빠의 잘못이다. 그러나 이제부터라도 너는 잘 알아두어야 한다. 엄마 아빠는 우리 가족이 함께 살아나가기 위해서 밤에는 잠도 못 자고 네가 그토록 보여 달라는 책도 함께 못 읽어 주고 잘 놀아 주지도 못하고 늘 바쁠 수밖에 없단다. 사람은 일을 해야 만 살 수가 있다. 공장에서 농촌에서 바닷가에서 산에서 그리고 저기 도시의 높고 큰 건물들, 사무실에서 사람들은 열심히 일을 하며 살아가기 위해 노력하고 있지. 특히 우리가 사는 이 사회는 일을 하지 않으면 무엇보다도 먹고 살 수가 없단다. 일하지 않는 사람에게는 아무 것도 주어지지 않거든. 그러나 원래 일이란 그 일한 만큼의 대가, 일의 결과가 제대로 돌아와야 하는데, 그것이 제대로 돌려지지 않고 있단다. 우리 사회가 안고 있는 문제는 모두 거기서 비롯되지. 일에 대한 결과를 늘 뺏길 수밖에 없는 현실이 많은 사람들이 살아가는 데 아픔이 되고 있는 거란다. 아빠는 그 문제를 해결하기 위해 밤낮 없이 뛰어다니므로 우리 식구들이 먹고 살 수 있는 돈을 벌 시간이 없고, 엄마가 그 일을 떠맡고 있는 거야. 그러나 엄마 또한 열심히 일한 만큼, 그에 대한 정당한 가치를 받고 있지는 못하고 그 또한 정기적인 수입이 아니라 늘 불안정해서 그에 따라 우리 집안 살림은 들쭉날쭉이란다. 너를 보다 좋은 환경에서 잘 자라게 했으면 하는 바람이야 말할 나위가 없지. 그래서 엄마는 나름대로 열심히 노력하고 있는데 그러나 참 어려운 노릇이구나. 너를 돌보아 주어야 하고 집안 일을 해야 하고 틈틈이 짬짬이 시간을 쪼개서 원고를 쓸 수밖에 없는 형편이니 더욱 힘들다. 더욱이 엄마도 아빠처럼 우리 식구들이 살아가는 데 필요한 돈을 벌기 위한 일이 아니라 사람들이 일을 하고도 제대로 대가를 받지 못하는 이 사회적 문제를 해결하기 위해 뛰어다니고 싶은데, 그러자니 우리 세 식구 모조리 굶을 판이고 그래서 할 수 없이 하기 싫은 일에 매달려야 하니 힘도 안 나고.

그러니 아름! 단 한 푼의 돈도 엄마가 일한 노동의 값인 만큼 너는 소중하게 생각하고 아무리 어리지만 너 나름대로 책임을 질 줄 알아야 한다. 가게 방이 멀기도 하고 군것질을 조르지는 않아서 아직은 다행이다만 시장에 따라가면 장난감 가게 앞에서 꼼짝도 않고 무언으로 사줄 것을 종용하는 너. 더욱이 어린이 책방에 가면 몇 권씩 집어들고 막무가내로 들고 가겠다고 해서 엄마 아빠를 곤란하게 하지. 이제부터라도 꼭 필요한 곳에만 돈을 쓰고 될 수 있으면 물건을 아껴쓰는 버릇을 몸에 길들이도록 엄마도 너도 노력을 해야겠다.

엄마가 잠시 망설이다가 '돈이 없는데' 하니 너는 '가방에 있어요.' 얼른 신발을 벗고 엄마 손을 이끌고 안방으로 들어간다. 엄마가 지갑을 어디다 둔지 모르고 찾고 있다고 생각되었던 모양이지.

"그래, 이 지갑에 있는 돈, 어디서 났지? 엄마가 컴퓨터로 원고를 써서 저기 출판사에 갖다 주고 그래서 돈을 받아 온 거야. 아름. 엄마 글 쓰고 공부하고 있으면 심심하지. 그렇지만 엄마가 그렇게 원고 쓰고 공부하는 일을 해야 아름이 맛있는 것도 사주고 말도 태워 주고 옷도 사주고 그러는 거야. 그러니까 엄마 일할 때 떼 부리면 안돼. 그리고 너무 자주 말 타고 과자 사 먹고 그러면 엄마가 또 힘드니까 그러면 아름이랑 잘 못 놀아 주잖아. 그러니 하루에 딱 한 번만 타는 거야 알았지? 약속."

"약속."

알아들었는지 못 알아들었는지 있는 대로 고개를 끄덕끄덕, 새끼손가락을 내밀고 엄지손가락을 마주쳐 도장까지 찍어 놓곤 쪼르르 현관문으로 달려나가는 너.

하늘이 참 맑구나.

'꽃밭에는 꽃들이 모여살구요. 우리들은 유치원에 모여살아요…'

고물 녹음기의 금속성이 째지는 노래로 온 동네를 법석이며 풍을 맞아 한 쪽 다리와 팔을 못 쓰시면서도 하루도 빠짐없이 갖가지 빛깔의 목마를 끌고 동네 코흘리개 아이들을 즐겁게 해주는 말하부이. 아름, 한 쪽 팔을 기우뚱하며 너를 하얀 말 위에 올려 태우는 말하부이도 성치 않은 몸을 이끌고 오늘을 살기 위해 쉬임 없이 일을 하고 있는 것이야. 코 묻은 동전 200원이지만 말하부이한테는 더없는 땀의 대가지.

하얀 말 위에 끼럇 소리를 지르며 어디론가 한없이 떠나는 백말띠 아름! 너의 티없이 맑은 눈매에 엄마도 함께 말을 모는 듯 하염없이 앞을 달린다.

한글 나라

"벌써 한글을 다 아나 봐요? 어떻게 가르치셨어요?"

"한글을 먼저 깨치면 책을 봐도 글부터 먼저 들어와서 아이의 상상력이 발전하지 못하고 또 너무 일찍 알면 학교 들어가 흥미를 잃을까 봐 안 가르치려고 했는데 하도 책을 읽어 달래고 무슨 글자인지 궁금해하기에. 요즘 많이 하는 거 있대요. 한글 나라라고. 두리두리라는 것도 한글 나라나 마찬가지로 애들 한글 가르치는 교재지요."

"책을 줄줄 읽는다더니 정말이네, 저거 봐. 아름이는 벌써 한글을 다 안다잖아. 너는 맨날 나가 놀 줄만 알았지 책 보자면 냅다 도망만 치고, 그저 동생하고 싸움이나 하고. 비디오나 보고 아니면 종일 나가서 밥 먹으라도 안 들어와요."

"애들이 다 그렇지요. 얼마나 좋아요. 씩씩하게 뛰놀고 혼자서 하루를 마음껏 보낼 수 있는 무언가 나름대로 계획이 있다는 게 대견하잖아요. 한글 알고 모르고가 무슨 큰 문제가 되겠어요. 어차피 학교 들어가면 다 알게 될텐데, 한글 몰라서 뭐 못하는 애들 없잖아요. 아이들마다 특색이 있는 거지요."

"그래도 어느 집에는 몇 개월에 한글을 깨쳤다, 벌써 영어를 한다, 바이올린을 배운다, 그러면 벌써 뭘 하면서도 마음 한구석에서는 우리 아이만 떨어지는 게 아닌가 괜히 조바심 나고 아이를 닦달하게 돼요."

"한글 몇 개월에 뗀 게 무슨 대수라고요. 엊그제 아름이 장난감 자동차가 고장이 나서 뜯어고치느라 애를 먹고 있는데 재혁이가 '아줌마 이리 줘 보세요' 하더니 뚝딱 고쳐 놓더라구요. 아름이랑 시장 갔다 오는데 비가 와서 짐은 들었지 아름이는 칭얼거리지 비지땀을 흘리고 있는데 재혁이가 자전거를 타고 가다 보고는 짐을 실어 주고 아름이를 태워 쌩하니 집 앞에 내려놓아 얼마나 고마웠는 줄 몰라요. 그런 아들 하나 있었으면 했다니까요. 재혁이가 공부에 흥미가 없는 건 별로 걱정할 게 없는 것 같아요. 창의성 있고 마음씨 또한 고운 녀석이 안해서 그렇지 학교 들어가면 다 자기 일 알아서 할 거예요. 다만 재혁이가 비디오나 텔레비전을 너무 보는 것은 좀 자제시키는 게 좋을 것 같더군요. 요즘 애들 비디오가 너무 폭력물이 많아서 섬찟해요. 아름이가 보는 비디오 뒤에 선전해 놓은 것 보니까 아이를 무장시키고 사람들을 마구 죽이고 어찌나 끔찍하던지, 비디오 가게 아저씨한테 어떻게 그런 것을 애들 보는 비디오에 집어넣느냐고 했더니 조금 큰 아이들은 그 비디오를 얼마나 좋아하는지 모른다고 해서 재혁이 보고 물어 보니까 한글은 모르면서도 그림만 보고 제목을 안대요."

"정말 큰 일이에요. 아침에 애 아빠 출근시키고 애들 밥 먹이고 치우고 좀 피곤해서 잠깐 눈 좀 붙이는 사이 집이 떠나가요. 저 녀석 비디오 게임인지 뭔지, 온통 우주 괴물 쳐부순다고 피융피융 난리죠, 프레시맨인지 뭔지 또마 등등 비디오 본다고 텔레비전에 붙어서 꼼짝도 안 하죠, 저녁 때면 코미디 프로 본다고 지 아빠도 같이 히히하하 하고 있으니 애만 보고 뭐라 할 수도 없고. 거기서 이상한 말이랑 몸짓을 배워서 웃겨 대면 기가 차다가도 세상이 다 그런 걸 애만 잡는 것 같아 내 버려둘 밖에요."

"저야 하는 일이 그러니까 애가 엄마 책 좀 그만 보고 자기랑 놀아 달라고 성화면서도 정작 놀자고 하면 책같이 보자는 게 그냥 일상사가 되어버렸지요. 그것도 문제는 문제예요. 장난감이나 밖에 나가서 노는 것보다 집안에 틀어박혀 있으니. 어쨌거나 조기교육에 조바심 치기보다 엄마 아빠가 하루에 단 한 시간이라도 책을 보거나 함께 이야기하는 시간을 갖거나 하는 것이 아이에게 많은 도움이 되는 것 같아요. 책을 가까이 해주려면 한글을 가르치는 것도 그 방법의 하나일 수는 있는데 그렇다고 두리두리나 한글 나라 교재나 선생님한테 맡겨 놓는다고 해서 될 일이 아니고 엄마 아빠가 얼마만큼 관심을 보여주느냐가 문제지요. 저녁 시간엔 뉴스 외에는 되도록이면 텔레비전을 안보는 게 좋을 것 같아요. 가뜩이나 집안 식구끼리 대화 시간도 적고 함께 보내는 시간 자체가 적은데 엄마 아빠가 각기 오락 프로그램이나 연속극에 빠져 있으면 애들 또한 거기에 따라갈 수밖에 없겠지요. 맞벌이 부부의 경우는 피곤하니까 거의 불가능한 일이지만 그래도 낮시간에 돈 들여서 애들 속셈 학원, 피아노 학원, 주산 학원, 미술 학원에 떠다미는 것보다 저녁에 한 시간 단 삼십 분이라도 놀아 주는 게, 노는 가운데 뭘 깨닫고 깨우치게 하는 게 모든 면에서 좋지요. 아름이 한글 나라 할 때도 지 이모가 낮에 같이 해줘도 저녁이면 얼굴 보자마자 그것부터 들고 와서 하자고 해요. 그러면 옷도 못 벗고 한 시간이고 두 시간이고 앉아서 같이 해야지요. 그런데 그게 공부다 생각하면 애가 하겠어요? 놀이의 하나니까 엄마랑 하루종일 떨어져 있다 같이 놀 거리가 되고 공동의 관심사가 있으니까 재미를 붙이는 것 같더군요. 아빠가 들어와도 그것부터 들고가고 그럼 또 기특해서도 같이 해주고. 정말 애들 나무랄 것 없어요. 부모들이 신경 쓰는 대로 아직은 애들이니까 따라오게 마련이지요. 사실 엄마들이 귀찮으니까 한글 나라고 뭐고 교재다 선생님이다 찾지 조금만 신경 쓰면 그냥 집에서도 할 수 있잖아요. 여지껏 애들 한글 나라, 두리두리 없어도 한글 잘 깨쳐 왔는데요."

가을 소풍

"종일 시끄러워, 엄마, 우리 저기 산책이나 하자."

세 돌박이 네가 놀이방에 다니면서 난생 처음 맞는 가을 소풍. 엄마는 어젯밤 괜스레 설레며 엄마가 난생처음 소풍가는 날을 맞은 것처럼 비가 오면 어쩌나 조바심에 어떤 일이 일어날까 궁금증으로 잠을 설치고 아침 일찍 일어나 없는 솜씨에 온갖 정성을 들여 점심 도시락을 싸고 밤, 사과, 물 등 먹거리를 준비하느라 정신이 없었다. 일찌감치 놀이방 차를 타고 소풍 장소에 도착한 네가 기다릴까봐 짐을 꾸리는 손이 더욱 분주해져서 허둥거리다 다달아보니 원당에 있는 놀이방 아이들이 모두 소풍을 왔는지 좁은 유원지가 온통 왁자지껄. 한 구석에서 선생님 구령에 맞춰 신나게 친구들과 뛰놀고 있는 너를 발견하고 엄마들 틈을 비지고 들어가니 얼마나 기다렸으면 입을 함박만큼 벌리고 안겨 오는 아름!

곧장 점심시간이 되어 남이랑 동균이랑 같이 도시락을 맛있게 먹고 엄마들도 오랜만에 야외에 나와 한가하게 이야기꽃을 피우나 했지. 웬일인지 점심시간은 후닥닥 지나가고 여러 놀이방이 함께 모여 한마당을 펼치는가 싶더니 확성기에선 난데없는 요즈음 유행 음악이 귀를 찢고 엄마들은 아이가 보거나 말거나 진행자의 말에 따라 사정없이 몸을 흔들어 대고 너희들에게도 따라 할 것을 강요하는 데야 아연실색. 너는 원장 선생님이 아무리 잡아끌어도 꼼짝을 않고 엄마 등뒤에 붙어 내 졸리운 타령이더니 급기야 울부짖었다. 차마 그 악다구니 속에 들여 보내지도 못하고 엄마 역시 속수무책으로 한참을 망설였지. 그래도 조직 생활인데 저 무리 속으로 들어가 함께 어울리도록 해야 하나. 이제 아이들 소풍까지 덮쳐 버린 소비문화의 폭력을 과감히 떨치고 돌아갈까.

다행히 너는 산책을 하자며 엄마 손을 잡아끌고 유원지 한 편에 조그만 오솔길을 따라 낙엽을 주으며 이런 얘기, 저런 얘기, 작은 동물들 구경도 하고 함께 달리기도 하면서 조용히 둘만의 시간을 보냈지. 그리고 확성기 속에서 금속성으로 찢어지는 최신 가요, 유행 음악에 맞춰 유아원 선생님들이 아니라 이른바 레크리에이션 기획단의 저질스러운 진행에 따라 속절없이 온몸과 마음을 내던지고 하루를 즐기고 있을 엄마들, 네 동무들 속을 도망치듯 빠져나와 오랜만에 해가 있는 낮에 집에 돌아온 너는 몇 권의 책을 꺼내 뒤적거리다 책을 안고 엄마 옆에 편안히 누워 낮잠에 빠져들었다. 더없이 평온한 얼굴의 아직 어린 아가. 엄마는 가만히 팔베개를 베어 주며 얼굴을 비벼 댄다.

너의 첫 소풍에 설레던 만큼 실망이 커서만은 아니다. 지금이야 이렇게 너와 도망치듯 빠져나와 우리의 한낮을 보내고 있지만 네가 자랄수록 엄마가 나이가 들어갈수록 많은 것들이 변할 것이고 그 변화가 전혀 엄마가 생각해 보지 않는 방향으로 아니, 우리 이 평온하고자 하는 삶을 오늘처럼 짓밟고 갈 때 이 늘 당하기만 하는 현실, 황폐감과 무력감을 어찌해야 할까?

특히 우리 삶의 총화로서의 문화에 대해 누구보다도 관심이 많은 엄마로서는 이처럼 변질되고 뒤틀리고 왜들어지고 있는 판에 그 동안 무슨 문화의 문제를 붙들고 떠벌여댔는지 스스로 부끄럽고 한심해서 가슴을 친다.

 방어벽만 쳐서 될 일이 아니고 문제만 떠벌여된다고 해결되는 것이 아닌, 정말 이제는 붓을 들든 몸으로 맞붙든 저 가공할 소비 문화, 파괴 문화에 너희들을 위해서 우리의 미래를 위해서 엄마가 정신 바짝 차리고 현실을 똑바로 직시하고 그를 돌파해 갈 수 있는 전열을 정비하고 과감히 나서지 않으면 안되겠다.

혜정이 언니가 옥수수 뺏어 갔어

"안돼, 내 꺼야, 아앙. 혜정이 나빠."
"혜정이가 아니고 혜정이 언니. 엄마가 이따가 옥수수 사다가 삶아 줄께. 울지마. 많이 삶아 줄께. 아름! 착하지?"
"혜정이 나빠. 언니 아냐. 아름이 옥수수 뺏어 갔어."
"그래도 언니야. 언니는 크잖아. 크니까 많이 먹어야 돼서 그래. 아름, 엄마랑 시장 가자. 옥수수 많이 사서 쪄 줄께. 혜정이 언니도 주고."
"아름이도 커. 많이 먹을 수 있어. 혜정이 나빠. 언니 안 해. 혜정이 안 줘."

아랫집 큰 아이는 국민학교 1학년이지만 정신연령이 다소 낮아서 동네 코흘리개들과 막무가내로 싸우기 일쑤고, 두 돌 짜리 아름이조차 눈치가 빤해서 언니 소리를 안 할 정도다. 어려서 한약을 너무 많이 먹여서 그런 것 같다고 또 무슨 사고를 칠까 한시도 마음을 놓지 못하는 혜정이 엄마. 바지런하고 싹싹하고 마음씨가 고와서 애엄마 힘들다고 이집저집 동네 갓난쟁이들을 하루종일 업어 주고 큰 애 문제로 늘상 골치를 썩는 만큼 학부모를 위한 어린이 교육강좌가 있으면 만사 제쳐놓고 서울로 지방까지 마다 않고 뛰어다닌다.

좀처럼 엄마를 떨어지지 않는 아름이가 그 날은 혜정이 엄마가 옥수수를 삶아 줘어 주는 바람에 아파트 앞마당에서 엄마도 찾지 않고 언니들과 잘 놀기에 이제 좀 아이들과 어울릴 줄도 아는가 보다, 다 컸다고 흐뭇해하고 잠깐 숨을 돌리는 사이, 혜정이가 아름이 손에 알갱이가 얼마 남지도 않은 옥수수 자루를 냉큼 빼앗아 들고 저만치 달아났다. 졸지에 옥수수를 빼앗기고 너무 분해서 땅바닥에 주저앉아 통곡을 하는 아름이. 하도 기가 막혀 야단칠 생각도 못하고 넋이 빠져 있는 혜정이 엄마 보기가 오히려 민망해서 얼른 아름이를 안아들었지만 어린 꼬마 입에서 터져나오는 혜정이 나쁘다고 언니 아니라는 소리에 가슴이 또 얼마나 미어졌을까? 그 날밤 내내 혜정이 엄마는 동네가 떠나가라고 혜정이를 야단치고 견디다 못한 혜정이는 문을 박차고 도망을 가고. 급기야 혜정이 아빠까지 차라리 죽어버렸으면 좋겠다고 어디 가서 죽어버리라고 아이를 찾아 나서는 혜정이 엄마를 가로막고. 시끌벅적 온통 뒤숭숭한 잠자리에서 아름이는 내내 엉덩이를 쳐들고 맴을 돌았다.

학교에 보내 보지만 선생님도 속수무책. 매일 남아서 못 따라가는 공부를 보충해 주려고 애를 쓰는데 혜정이는 다른 애들은 다 집에 가고 텅 빈 교실에 혼자 남아 하기 싫은 공부를 계속하려니 연필도 잡지 않고 눈물만 글썽여서 1주일에 세 번은 그냥 보낸다고 학년을 올려 보내야 할지 일 학년을 다시 다니게 해야 할지 어떻게 했으면 좋겠냐고 저녁마다 올라와서 의견을 물어 오지만 무어라 이야기해도 마음을 놓지 못할 것 같아서 그때마다 글쎄만 되뇌었을 뿐. 언젠가 저능아·정신박약아들만 다니는 학교가 있다는 얘기를 들은 것 같아 혹시 거기에 보낼 의향은 없냐고 물어 보려 해도 똑같이 아이 키우는 에미 심정에 차마 입이 떨어지지 않았다.

아이가 말 한 마디 잘해도 우리 아이가 천재가 아닌가 갖은 환상에 젖기 십상인 엄마들, 아이의 거동 하나 하나가 기쁨이요 슬픔인 이 땅의 에미 애비들 틈에는 차라리 죽어버렸으면 좋겠다고 안타까움을 토로할 수밖에 없는 많은 혜정이 엄마 아빠들이 있다. 부끄러워 때론 아이를 가두어 키우기도 하고, 속수무책으로 내버려두기도 하고 돈 많은 사람들은 특수교육을 찾아 미국이고 유럽이고 내달아가기도 한다지만 바로 아랫집에서 매일매일 벌어지는 부대낌을 남의 일이라고 접어 둘 수만은 없고.

공해·환경문제로 저지능아·기형아 문제가 심각하지만 차마 발표를 못하고 있다고 흉흉한 소식은 끊이지 않는데, 아름이가 아프다면 제일 먼저 달려와 어떠냐고 물을 줄 아는 혜정이의 고운 마음과 해맑은 두 눈을 그늘지게 하지 않을 정말 좋은 방안은 없을까?

여우 오줌

"엄마랑 시장 가자."
"시장 볼 동안 여우 오줌 가서 책보고 있어도 돼요?"
"그래, 얼른 갔다 올께 책보고 있어. 너무 이것저것 다 끄집어내면 언니 힘드니까 꼭 보고 싶은 것만 꺼내 봐."

여섯 달이 되면서부터 책방에 데리고 다니고 책을 늘 가까이하도록 했더니 아름이는 이제 제법 책보는 틀이 잡혔다. 외할머니가 학년이 끝나면 아이들이 보다 남은 책들을 가져다주고 한 돌 짜리 어린 것을 무릎에 앉혀 놓고 하루에도 수십 권씩 혹은 같은 책을 수십 번 읽어 주시면서 더욱 책에 대한 애착과 책보는 일에 대한 습관이 나름대로 깃들이게 되었는데, 그러다 보니 어디 가든 책 한두 권은 끼고 다니고 시끄럽거나 말거나 앉은 자리에서 들고 간 책이나 새로 마주한 책은 다 보고야 다음 행동에 들어가는 꼬마 책벌레가 되었다.

시장에 따라가 이것저것 물건 사고 시장 구경하는 일보다 시장 입구에 있는 어린이 책방에 앉아 마음껏 책을 잡고 앉아 새로운 세계를 접하기를 더 좋아하는 아름, 책방에 가면 엄마하고 책을 고르는 문제에 있어 잦은 실갱이를 벌일 만큼 자기가 좋아하는 것에 대한 뚜렷한 입장을 제기하는 성숙한 면도 보이지만 엄마가 골라 주는 책보다 그림과 색깔이 조야한 만화풍의 동화책을 선뜻 집어내어 한참 동안 이유를 설명해 주고 엄마 아빠의 선택을 설득하기에 애를 먹어야 하는 영락없는 세 돌박이 아이다.

우리 부부는 아름이의 책에 대한 애착을 염려하면서도, 다양함 속에서 자기의 세계를 독자적으로 일구어 가게 할 수 있는 바탕을 마련해 주기에 애를 쓰지만 쉬운 일이 아니다. 군것질에 눈을 뜨기 시작하면서 엄마가 주는 고구마, 밤, 떡, 감자, 날홍당무 등의 이를테면 촌스러운 간식을 뒤로 하고 갖가지 모양과 빛깔·맛의 아이들을 유혹하는 과자, 얼음과자, 사탕 등을 사 달라고 졸라대면서도 배가 고프거나 입이 궁금할 때면 어김없이 예의 촌스러운 순우리 음식으로 돌아올 줄 아는 아름이가 때론 대견하고 그러나 아주 어릴 때부터 길들여 온 맛이 언제라도 바꿔치기 당할 것 같은 안타까움을 떨칠 수가 없다. 책방에 가도 마찬가지. 우리가 사는 마을에는 다행히 어린이 전문 글방이 있어 아름이가 가게보다 거기를 먼저 찾아들 수 있는 좋은 여건을 가지고 있다고 할 수 있지만 그러나 거기에서도 늘 눈을 밝히고 있지 않으면 언제 아이에게 닥칠지 모르는 문화적 폭력을 감당할 수 없을까 마음을 졸이게 된다. 되도록이면 정서 발달과 자유로운 사고, 사람의 아름답고 추한 면, 그들이 부대끼는 세상, 만들어 가는 세상에 대해 자연스럽게 눈을 뜰 수 있는 책을 읽게 해서 이제 막 싹트기 시작하는 원초적 의식부터 맑고 바르게 이끌고 싶지만 외국 동화를 조야하게 베끼거나 그대로 들여다가 아이의 눈길만을 끌게 만드는 그야말로 책장수들의 얄팍한 상혼 때문에 아이와 실갱이를 할 때, 혹은 무성의하게 전래 동화랍시고 어떠한 문제 인식도 없이 도색화시켜 놓아 오히려 아이의 올바른 정서나 교양적 발달보다는 아이에게 황폐감을 안겨 줄 그 속에 내재되어 있는 정서 파괴 논리를 발견할 적마다 몸서리치는 적이 한 두 번이 아니다.

좀더 깊이 호흡을 가다듬으면 아이에게 책도 좋지만 사람들의 갖가지 살아가는 모습을 보게 해주고 그야말로 삶 속에서 사람이 어떻게 살아가는 것이 가장 사람다운 것인가를 느끼게 해주는 것이 보다 값진 삶의 힘이 될 터인데. 그러나 아직은 엄마의 소심증이 거기에 미치지 못하고, 놀이터에 혼자 나가는 것조차 벌벌 떨 수밖에 없는 오늘의 끔찍한 육아 환경, 이 하루가 다르게 변모해 가는 현실에서 한자리에 앉아 꼼짝도 않고 스무 권도 넘는 책을 보아 내는 아이의 집요함과 호기심을 어떻게 진정한 탐구 정신, 지적 욕구가 아닌 올바른 세계관과 사회 인식, 풍부한 감성으로 이끌어 낼 수 있을지 조심스러운 것이다.

놀이방에 안 갈래

"아름, 빨리 밥 먹어. 놀이방 차 오겠다. 빵빵하면 어떻게? 추운 데 다른 동무들 기다리잖아."

"……"

"놀이방 안 갈 거야? 거기 가면 미끄럼틀도 있고 책도 많고 동무들이랑 선생님이랑 재미있게 놀잖아. 얼른 밥 먹고 가방 메. 엄마랑 가자. 남이는 벌써 왔을걸."

"놀이방 안 갈래."

"왜?"

"엄마랑 집에 있을 거야."

"엄마 오늘 학교 가야 해. 아빠는 사무실 가고, 엄마 아빠 다 나가는데 너 혼자 집에 있을 수 있어? 빨리 밥 먹어. 엄마 늦었어."

"……"

"왜 그래, 엄마 늦었다니까. 옷도 안 입고, 누워서 손 빨고 너 정말 그럴래?"

"밥 안 먹어. 놀이방 안 가."

"그럼 어떻게? 왜 그러니 또? 친구랑 싸웠니? 선생님한테 야단맞았어?"

"남이가 나랑 안 논대."

"왜?"

"아름이가 여자라고, 남이는 동요형만 따라 다녀. 동요형이 남이 보고 아름이는 계집애니까 같이 놀지 말라고 그랬다고 남이가 나랑 안 논대. 남이랑 같이 책 보면서 놀고 싶은데 남이는 로보트만 가지고 놀아"

"어떡하지?"

"놔둬. 내가 데리고 다니지."

"바쁘다면서."

"할 수 없지. 가기 싫다는 걸 억지로 보낼 수도 없잖아. 벌써부터 애한테 성차별 문제로 병들게 하는 것도 맘에 걸리고."

"그건 그렇지만, 매일 정해진 시간에 놀이방에 가는 것도 일종의 약속이고, 사회생활 훈련이야. 전에도 실패했는데 조직 생활에 적응하지 못하는 건 애 문제만은 아니야. 부모가 인내심을 가져야 한다고. 벌써부터 남녀 성별 문제로 애가 의기소침한 건 심각하긴 한데 그것도 아름이한테 납득을 시켜서 자기가 애들하고 직접 해결하게 해야지. 선생님하고도 상의해 볼께. 동요라는 애가 나이가 두 살쯤 더 먹은 모양인데 그 애 부모하고도 만나서 이야기를 해야겠어."

"어쨌거나 오늘은 보내지 말자. 애한테도 설명하고 생각할 시간을 줘야지. 내가 데리고 다니면서 잘 이야기해 보는 게 좋겠어. 도무지 이해가 안되는 상황에 애를 억지로 밀어 넣는다는 건 일종의 폭력일 수 있어."

세 돌이 지나자 바로 동네 놀이방에 다니기 시작한 아름이는 바쁜 엄마 아빠를 위해 내키지는 않지만 할 수 없이 간다는 걸 매일매일 상기시키면서 억지로 억지로 두 달여를 다니더니 세 달째 접어들자 가기 싫다는 의사 표현을 분명히 해 왔다. 그때마다 '친구들이 자기를 미워한다, 때린다, 놀이방이 재미가 없다' 등 여러 가지 이유를 대더니 마침내 가장 좋아하는 남이라는 아이가 자기랑 놀지 않겠다고 선언한 다음 정말로 억울하고 도저히 이해가 되지 않는다는 서늘한 표정을 며칠 동안 풀지 않더니 급기야 놀이방에만 가자고 하면 싫다고 완강하게 거부하고 아침밥을 먹으라면 놀이방 보낼까봐 먹지도 않고, 옷도 안 입고 고집스럽게 버텨가는 것이었다.

우선은 엄마 아빠의 사회 활동 때문이지만 비단 그래서만이 아니라 다분히 외골수인 아름이가 무엇보다도 동무들과 스스럼없이 어울리고 다양한 만남 속에서 스스로 성장할 수 있는 독립적인 생활 능력을 기르기를 바라는 마음에서 놀이방엘 보냈는데 세 번째 시도가 실패를 하자 더이상 속수무책인 상태.

좀더 인내심을 가지고 강행해야겠다는 생각을 하지 않은 것은 아니지만 그래도 나름대로 아이가 건강한 마음과 육체로 자유롭고 활달하게 자기 생각을 펼치고 스스로 자기가 한 일에 대해 책임질 줄 알도록 신경을 써 왔는데 놀이방 문화가 획일적이고 질서 훈련이 너무 강조됨에 따라서 아이의 자유로운 사고와 창조성 발전에 오히려 저해되고 있는 것이 아닌가 하는 점을 떨칠 수 없었고, 또한 특히 성별 문제에 대해 자유롭게 키워진 자기 스스로 가능성을 열어제끼는 의욕에 찬 아이가 놀이방에 다니면서 성별에 대한 왜곡된 인식을 받게 되고 어느새 의존적이고 나약한 여자애로서 길들여질 것을 강요받는 것 같아 도무지 마음이 내키지를 않았다. 어려서부터 선머슴 같다는 이야기를 누구보다도 많이 들어왔지만 그것 자체가 모욕이 아니라 성별에 구애받지 않는 적극적인 삶을 부추기는 환경에서 성장해 온 엄마로서는 도저히 그런 상황에 아이를 내팽개칠 수가 없는 일이었다.

한편 생각하면 놀이방 선생님과 보다 원활한 대화 속에서 그러한 문제들의 실마리를 하나하나 풀어 나갔으면 낫지 않았을까 하는 생각도 한다. 그러나 집에서 윗집 언니와 오락가락하며 사이좋게 놀고 한겨울에도 놀이터에 가서 씩씩하게 뛰어 노는 아름이의 밝은 모습이 또다시 놀이방에 가라는 구속으로 그늘 지울 수 없는 안타까움이 짙어서 차마 엄두를 내지 못하고.

둘째 아이의 출산을 전후로 두 달여의 시간, 그 시간에도 집에서 일을 해야 하는 엄마로서는 여러 가지 제약이 따르지 않는 것은 아니다. 그러나 아침을 먹으면 놀이방을 가야 한다는 생각에 갖은 이유로 거부하다가 밤 열 한 시 무렵이 되어 자다 말고 깨서 밥을 달라고 깜깜한 밤이니까 설마 놀이방에 가라고 하랴 싶어 밥 한 공기를 뚝딱 먹어 치우는 아름이의 생존의 몸부림이 뒤채여 와서 되도록이면 잠과 싸우며 시간을 쪼개서 일을 할 수밖에 없을 듯 싶다.

아이가 마음껏 활개치며 놀 수 있는 시설과 분위기, 동무들과 자유롭게 교류하고 놀고, 무한한 창작 의욕을 불태울 수 있는 아이들의 마당은 그야말로 꿈인가. 나름대로의 개성을 가지고 자랄 수 있는 심지를 개발해 주고, 기존의 남녀 차별 의식을 답습시키는 지배 윤리의 양육장이 아니라 사람은 누구나 자유롭고 평등하다는 것을 깨닫고 그 속에서 가장 인간적인 관계의 아름다움을 배울 수 있는 그런 놀이터는 정녕 없는가.

갖가지 조기 지능 교육으로 아이들의 가슴이 멍들고 절름발이로 키워지고 있는 현실에서 어떻게 해야 우리 아이들을 정말 잘 자라게 할 수 있을까? 엄마의 전인적이고 초인적인 노력에 의해서만, 엄마의 일방적인 절대적 사랑으로 가능한 것이 절대 아님을 뼈저리게 느끼기에, 다양한 개성을 가진 아이들이 서로 더불어 살아가야 하는 존재임을 깨닫고 그러나 그 속에서도 독립적이고 창의성 있는 인격체로 성장할 수 있는 그야말로 우리 아이들이 마음놓고 뛰놀고 사고할 수 성장할 수 있는 분위기와 제도를 만들기 위해 지금 엄마가 해야 할 일은 무엇인가.

넷/째/마/당

엄마의 첫발 떼기

임신, 입덧, 태교 이야기 등.
원래 책머리에 들어가야 할 글들이 많은데
너무 개인적인 경험에 치우치는 것 같아 뒤에 실었다.
아름이를 갖고 태어나서 두 돌 반에 이르는 동안
엄마 자신의 삶에 대한 고민과 몸부림이
담긴 글들이다.

맑은 샘물에 빨간 붕어

 깊은 산 속. 작은 풀숲이 우거진 사이로 맑은 샘물이 조그만 못을 이루고. 그 곳에서 손바닥만할까. 온몸이 빠알간 물고기. 미끈하게 빠진 몸매며 까만 눈. 뚫어져라 쳐다보더니 날쌔게 물살을 갈라 풀쩍 품 안으로 뛰어들며 파닥거린다.

 서늘한 눈매에 선연한 붉은 빛, 화들짝 놀라 눈을 뜨니 캄캄한 어둠, 아직도 품 안에서 퍼덕이며 가슴팍으로 파고드는 듯 다시 눈을 감아도 영 잠을 청할 수가 없다. 너를 처음 본 건, 아니 존재를 확인했다는 말이 옳겠지. 초음파 화면, 그 작은 우주에서였다. 깜박이는 작은 별 하나로 너는 살아 있었다. 엄마의 뱃속, 그 어딘가에 너의 세상을 열고 그 속에서 작은 생명의 불씨로 타오르고 있었던 거다. 그러나 언젠가 그 점이 저 먼 우주 속으로 영 살아질 것만 같은 안타까움이 불현듯 일어 걷잡을 수 없곤 했는데 그런 불안을 말끔히 씻어 주려는 듯 오늘밤 그렇게 선명한 영상으로 엄마의 꿈속으로 달음쳐 왔구나.
 흔히들 태몽 이야기를 많이들 하고 그 동안 꿈속에서 많은 엇비슷한

맑은 샘물에 빨간 붕어(이인경 그림, 캠퍼스에 유화, 24×30.5cm)

느낌들을 받지 않은 것은 아니었지만 그처럼 밝은 빛깔로 생생하게 안겨 올 줄은 몰랐지. 꿈이란 허황한 듯이 보이지만 거기에는 사람들이 세상을 살아가면서 맺힌 아픔, 특히 사람들의 피땀어린 일의 결과를 빼앗기고 삶의 막다른 고지에 내몰릴 때마다 자기를 일으키던 온몸의 쌍심지가 알알이 박혀, 원래 꿈이란 핏빛으로 아롱지지 않을 수 없는 절절한 것이지. 엄마 아빠가 가슴 겨운 사랑을 해 온 만큼 그 동안 많은 어려움에 부딪혀 왔거든. 그래서 엄마 아빠의 삶의 잣대가 되어 주고, 속절없이 지친 엄마 아빠의 삶을 어영차 일으켜 주는 샛바람으로 불어 제낄 우리 집안의 새내기를 맞이하고 싶은 바람이 그처럼 간절하게 여울졌던 모양이야.

아가, 지금 엄마 아빠가 헤쳐 나가고 있고 앞으로 너와 더불어 살아나갈 이 사회는 어둠·부패·타락으로 깊이 병들어 있단다. 거기서 사람들은 애초의 바람이 다 꺾이고 그저 자기 가족이나 편안히 힘들이지 않고 살겠다는 쪼매 난 꿈을 진짜 인간의 바람으로 바꿔치기 당한 채 수굿수굿 살아가고 있다. 그래서 엄마 아빠는 이 세상의 주인인 사람으로 가질 수 있는 진짜 꿈, 사람이면 누구나 똑같이 일하고 똑같이 나누어 똑같이 먹고 살 수 있는, 우뚝한 곳도 후미진 곳도 없는, 누구나 사람답게 살 수 있는 인간의 가장 보편적인 염원을 이루기 위해 날마다 이 간 데 없는 세상과 맞붙고 있단다. 이 무너진 세상과 박살이 난 사람들의 살림을 다시 일으키는 데 온 일생을 바치겠다고 마음먹었거든. 따라서 엄마 아빠의 사랑이 이 찌든 세상의 병마에 함께 울고 그 아픔을 넘고 마침내 가장 아름다운 꿈을 실현해 내기 위해 하나의 쏘시개로 불타 오르는 절절한 것이라면, 너는 엄마 아빠의 그 동안 사랑의 정표로서 더욱 참다운 사랑으로 나아가기 위해 엄마 아빠 삶의 구석구석에서 배어 나온 또하나의 단꿈이란다.

너는 이제 겨우 세 달, 이 세상에 나오려면 아직 일곱 달은 더 있어야겠구나. 그러나 오늘밤 꿈속의 날쌔게 맑은 물살을 헤쳐 가는 너는 너무도 당차고 늠름한 모습이어서 그 긴 기다림의 첫발을 엄마는 힘있게 내리 밟는다. 그리고 그처럼 선명한 형상으로 엄마 아빠의 삶의 한복판으로 살 가르며 달려오는 너를 아들이냐 딸이냐를 점치며 남아 선호 사상·핏줄 잇기로 우리 여인네들의 가슴을 멍들게 하는 태몽이라는 강요된 꿈풀이에 비끄러매지 않으리라 다짐한다.

아빠가 오대장손이라 엄마 또한 한 집안의 맏며느리로서 아들을 낳아 대를 이어야 한다는 짐이 떠맡겨져 있거든. 그러나 그것은 어디까지나 전통 사회에서 그리고 오늘의 가부장적 억압 구조에서 재산이나 기득권을 세습적으로 물려주기 위한 지배 문화의 소산, 타율에 의해 주어진 짐일 뿐, 그것에 엄마 삶의 족쇄를 스스로 채울 수는 없는 일이다. 따라서 엄마는 네가 물에 사는 작은 물고기, 그러나 우리 민중들의 삶에 절절히 배어 온 분노의 핏대가 한층 달아오른 빨간 물고기, 이심이의 쌍심지로 엄마 가슴에 살아 오른 것이 얼마나 힘이 되는지 모른다. 그것은 네가 엄마 아빠의 참사랑의 의미를 가장 빼어나게 빚어낼 엄마 아빠 삶의 실체, 알짜임을 말해 주는 것에 다름 아니기 때문이다.

저길 봐라. 겨우내 찬바람에 시달린 나무들이 그 모진 한파를 이기고 언 땅을 헤집으며 파릇파릇 새싹을 틔우고 있다. 이제 꽝꽝 얼어붙었던 산골 물이 녹아 깊은 골짜기를 콸콸 흘러내릴 것이야. 그러면 온갖 살아 있는 것들이 긴 겨울잠에서 깨어나 기지개를 펴면서 저마다 생존을 위한 한 판 싸움에 나서겠지.

아가, 이제 너는 엄마의 뱃속에서 빨간 물고기로 이심이의 의지로 앞으로 너에게 닥쳐올 온갖 어려움과 맞서거라. 그리고 마침내 그 물밑 세상을 박차고 환한 세상에 나오면 올해가 말 중에서 가장 빼어나다는 백말의 해거든. 하얀 야생마처럼 이 거친 광야를 서슴없이 달려나가는 거야. 곧은 목지처럼 오직 앞만 보면서 목을 꼿꼿이 치켜들고 거침없이 말달려 나가는 거야.

　엄마 또한 뱃속에 우리 이심이를 안고 오늘도 저 찌든 거리로 나아가 사람이 사람답게 사는 세상을 만드는 알뚝배기 힘꾼들의 목숨을 건 싸움을 준비하기 위해 새벽바람을 가를 것이다.

한겨울 동치미 냉면

언 무를 썩썩 버혀놓은 이가 시리도록 찬 동치미, 얼음이 와삭와삭 씹히는 그것에 냉면 사리를 말아 훌훌 단숨에 들이키면, 찡 하고 정신이 버쩍 들며 몇 년 묵은 체증이 사그리 씻겨 내려갈 것만 같구나.

말로만 듣던 입덧이라는 것, 드디어 본격적으로 시작되는 모양이다. 그러나 아가, 엄마의 입덧은 여느 자본가의 상판때기처럼 희멀건 무가 둥둥 떠다니고 미원 국물로 허기를 간질이자는 장삿속에 쩔은 그것이나 쩝쩝거려서는 도저히 잦아들 수 없는 것, 그야말로 사무치는 그리움 같은 것이다. 따라서 그리던 사람, 그리던 세상이 불현듯 닥쳐와 눈앞에 펼쳐지든지, 아니면 악이 오를 대로 오른 쌍심지 같은 것이어서 이 막돼먹은 세상을 확 하니 메다꽂을 씨름꾼을 만나든지, 아! 그렇듯 속 시원한 것이라야 꽉 막힌 속내가 확 하니 뚫릴 것 같구나.

무슨 말인지 못 알아듣겠지. 원래 입덧이란 아기를 가진 엄마 몸 속에 나쁜 음식물이 들어오지 못하도록 생리적으로 나타나는 체내 현상이지. 그런데 지금 엄마에게 닥친 입덧은 단지 너를 보호하고 엄마 몸을 보호하기 위한 생리 현상이 아니라 엄마가 매일매일의 현실 속에서 부딪히는 문제와 맞붙어서 도저히 참을 수 없는 욕지기로 토해지고 있다는 말이다.

　오늘이 무슨 날인지 아니? 마침내 우리 천만 노동자들이 하나로 뭉쳐 자주적인 전국 조직을 건설하는 그야말로 감격적인 날이다. 그래서 엄마는 겨울 한파를 가르며 이 한 소식을 온 천지에 전하고자 산마루마다 차고 올라 봉홧불을 올리며 아직 잠에서 덜 깬 고된 노동의 꿈결을 뒤흔들고 싶었다. 그러나 참으로 억장이 무너질 일. 이제 겨우 쪼매난 마당집 하나 짓겠다고 모두들 팔뚝을 걷어 부친 것인데 어쩌자고 현 정권과 자본은 그간의 온갖 탄압과 착취도 모자라서 끈질긴 방해 공작과 무자비한 원천 봉쇄로 이마저 까부수겠다고 달겨들고 있다는 말이냐? 숨소리조차 죽여 가며 결성 대회를 치르기 위해 저기 한갓진 수원의 한 대학으로 숨어드는 우리 노동자들. 전국 각지에서 속속 올라오는 노동 형제들을 그 깊은 골짜구니까지 안전하게 안내하기 위해 어느 가난한 노동자 부부의 지하 셋방에 숨어들어 비상 연락망을 취하고 있자니 정말 숨이 막히고 입술이 바짝 타고 그야말로 열불이 나서 속이 다 녹아 내릴 것만 같구나.

　불이 나던 전화통이 잠잠해지는 걸 보니 속속 대회장으로 모여들기는 한 모양인데 마침내 전노협의 깃발을 드높였을까. 얼마나 많은 노동 형제들이 이 날을 기다려 왔는데 그 역사의 현장을 부둥켜 울지도 못하고.

　창문조차 열 수 없는 이 지하 겹겹이 가려진 암흑 속에서 꼭 저들의 시커먼 뱃속 같은 연탄 냄새까지 스멀스멀. 이미 뒤틀릴 대로 뒤틀린 속내를 타고 욕지기로 기어오르는데, 무자비한 군화 발에 속절없이 짓밟히고 끌려갈 우리 노동자들 생각에 감격이 아니라 하루내 분노를 울다 기어코 방바닥에 쏟 물까지 다 쏟아 내고야 마는 남의 집 지하 셋방에서 아가, 이 빈속을 겁탈하려 잡놈처럼 또다시 덮쳐 오는 이 허기, 헛헛함을 엄마는 도저히 견딜 수가 없구나.

남대문에서

 아가, 사실 그 동안 엄마는 엄마가 일하는 일터에 너를 가졌다는 사실을 알리지 못했다. 사람들이 웬 배가 그리 나오냐고 놀려도 사는 일이 즐거워서 그렇다고만 응수를 했었는데, 돌이켜보니 너에 대해서도 정말 소홀했던 것 같구나. 너를 가진 것이 부끄럽고 부담스러워서가 아니라 엄마가 다니는 일터는 민주 노조들의 전국적인 연대 조직이기 때문에 무척 일이 많고 눈코 뜰 새 없이 바쁜 곳이란다. 그래서 한 개인이 몸이 좀 불편하다거나 개인 사정이 있어서란 말은 참으로 하기 어려운, 날마다 생사가 갈리는 바람찬 곳이라고 하면 틀린 말이 아닐 것이다. 더구나 엄마는 다른 단체·조직과의 연대 사업을 맡고 있는 터라 회의도 많고 밖에서 연대 투쟁을 준비하자면 그야말로 몸이 열 개라도 모자란 형편이란다. 이제 겨우 꾸려진 지 네 달밖에 안된 조직이다 보니 모든 것을 처음부터 만들어 갈 수밖에 없고 노동자들에 대한 탄압은 갈수록 도를 더하고 그러니 어쩌겠니, 좀 힘들더라도 남들과 똑같이 일을 할 수밖에.

 오늘 싸움 역시 그간의 총파업 투쟁(90년 5월 1일에서 4일 동안 전노협 총파업 투쟁)을 이끌어 왔던 우리 노동자 투쟁이 반민자당 투쟁의 정점에 서는, 그야말로 투쟁의 정치적 성격을 드높이는 바람찬 전진의 기로에 서 있는 중대한 싸움(1990년 5월 9일 국민 연합 주도의 반민자당 투쟁)이기에 엄마는 무거운 몸이지만 뛰어들지 않을 수 없었다. 상황 파악을 해야 하거든. 그런데 신세계 부근에서 서울역 앞에서 잔뜩 최루탄을 맞고 남대문 앞에서 꼼짝없이 적의 최루탄 세례에 갇히게 되었구나. 정신없이 뛰어들고 보니 길가 병원. 아무도 엄마가 너를 가진 줄 몰랐는데 직업은 속일 수 없는 듯 병원 의사의 하는 말, 애한테 얼마나 해로운데 그 몸으로 겁도 없이 뛰어들었냐고 혀를 끌끌 차는 소리. 들었니? 따가운 눈을 씻고 병원 문을 나서니 남대문에서 서울역으로 이어지는 그 넓은 거리가 자욱한 먼지 속에서 온통 돌무더기로 폐허처럼 널브러져 있구나. 또 얼마나 많은 젊은 노동들과 청년들이 무자비하게 짓밟히고 개처럼 끌려갔을까? 엄마는 분노로 흐르는 눈물, 안타까운 눈물 범벅이 되어서 한바탕 폭풍이 휩쓸고 간 그 거리의 폐허 속에 홀로 주먹을 쥐고 하염없이 서 있다. 부디 너희 세대에는 이런 불행한 사태가 더이상 지속되어서는 안될텐데.

　아가, 엄마가 너에게 해로운 줄 알면서도 이렇게 거침없이 뛰어드는 건, 네게 이처럼 독점자본과 독재 권력이 사람들의 삶을 옥죄이지 않고 남북이 갈린 아픔이 우리 전 삶을 규정하고 있는 그런 피눈물나는 세상을 결코 물려줄 수 없기 때문이란다.

　그러니 어떠한 상황이 너의 생존을 위협한다 해도 견뎌 내렴.

　엄마는 너에게 그 흔한 태교 음악 한 번 조용히 들려준 적 없고, 태중 음식 한 번 제대로 달게 먹여 본 적이 없다. 그러나 새 세상을 일구기 위해 싸우는 저 거리의 울부짖음과 전의를 다지는 저 우렁찬 노래 소리·함성 소리가 너에게는 그 어떤 아름다운 음악보다도 좋은 태교 음악임을 엄마는 큰소리로 당당하게 불러 준다. 그리고 영양가 있는 음식보다 더 귀중한 사람들의 피와 땀이 오기로 너의 가슴을 달구고 있지 않니? 그것이 지금 너에게 해줄 수 있는 유일한 태아 교육이란다. 엄마는 우리 아가가 그 누구보다도 삶의 아픔에 가장 절실히 울 줄 알고 그것을 스스로 해결하기 위해 불현듯 나설 줄 아는 진짜 싸움꾼이기를 바라고 있지만 그러나 엄마 배 속에서부터 당당히 시위에 참여한 아가! 엄마는 네가 앞으로 어떠한 삶을 선택하던 일방적으로 규정하고 싶지는 않다. 다만 잘 보아 두거라. 사람답게 살아가기 위해 엄마 아빠 세대가 어떻게 싸워 갔는지. 그 피어린 삶의 역사가 너에게도 굽이치며 마침내 새 세상이 열리면, 그 때 그 태평 천리 한복판에서 환하게 웃으며 진짜 인간의 역사를 일구는 한 자루 보습이 되어 주련?

좁쌀 베개와 동물 이불

　참으로 오랜만의 휴식이구나. 하루가 다르게 배가 부르고 사 년전에 부러졌던 다리까지 말을 듣지 않아서 미안함을 무릅쓰고 사무실에 못 나가고 집에서 쉬기로 한 뒤 밀린 빨래, 집안 청소로 또 며칠을 보내고 겨우 오늘에서야 한숨 돌리고 자리에 누워 한가롭게 너와 조용한 음악을 듣고 있자니 왜 이렇게 남의 자리 같고 어색할까.
　그리고 보니 너를 맞기 위한 최소한의 준비도 하지 못했구나. 병원비는 물론 네가 태어나고 나서 몸조리를 해야 하는 몇 달간 살림을 꾸려 나갈 일도 막막하고. 하다못해 이불 한 칸 마련하지 못한 한심한 처지로구나. 다른 거야 따로 궁리를 해야 할 테고, 오늘은 시장에 나가서 감을 끊어다가 네 베개와 이불이라도 마련해야지 안되겠다. 그 동안 너와 조용히 이야기를 나눌 수 있는 시간도 갖지 못하고 그저 힘든 가운데에도 잘 견뎌 주니 고맙기 짝이 없었는데, 오늘은 단둘이 나들이를 나가 앞으로 네가 이 세상에 태어나면 당장 필요하게 될 이불과 요, 베개 등을 마련하기 위해 천을 고르고, 한땀 한땀 바느질을 하면서 우리 많은 이야기를 나누자꾸나.

머리는 차고 가슴은 뜨겁게 베개는 파란 천으로 할까. 너를 기다리는 마음이 봄을 기다리는 처녀 가슴처럼 설레니 살랑이는 바람빛, 연두·분홍빛은 어떨까. 이 여름처럼 타는 빛깔, 뜨거운 열정을 담은 빨간색. 그래 엄마는 더없이 타는 가슴을 가진 빛나는 눈빛의 너를 그리며 가슴을 설렌다. 온갖 동물들이 크레파스로 정겹게 그려져 있는 이 천은 네 이불감으로는 더없이 좋을 것 같고. 이제 푹신한 목화솜 하고 속싸개, 좁쌀 한 되 사서 힘들겠지만 함께 언덕길을 오르자.
　본격적으로 찌는 무더위도 꼼짝없이 들어앉아 네 베개와 이불을 만들고 있는 엄마의 손을 쉬게 하지는 못하지. 요즈음 아기 용품 파는 데 가면 별 게 다 있다는데, 그냥 가서 사면 될 것을 굳이 이렇게 서툰 솜씨로 너의 이불과 베개를 만드는 게 괜한 궁상이다 싶니? 아니야. 우선 너를 기다리는 이 설렘을 얄팍한 상혼에 의탁하고 싶지는 않단다. 너를 맞이한다는 일이 엄마 아빠로서는 결코 쉬운 일은 아니었거든. 따라서 그 동안의 어려움들을 넘던 이야기, 엄마 아빠가 너를 낳기로 마음먹기까지 과정을 너에게 있는 그대로 새겨 주고 싶다. 이 다음에 네가 태어나 우리 세 식구에게 어떤 어려움이 닥치더라도 그때를 떠올리며 다시 마음을 다져 먹을 수 있기 위해서 그간 꼬깃꼬깃 접어 두었던 삶의 내력을 너에게 펼쳐 보이며 하나하나 다시 가다듬으려 하는 거야. 한땀 한땀 바늘이 천을 꿸 때마다 아가, 엄마는 그렇게 우리의 이야기를 수놓아 간다. 엄마가 너의 외할아버지께 우리 겨레의 위대한 옛이야기를 들으며 어릿때를 넘던 이야기부터 아빠와 만나 뜻을 다지고 국가보안법으로 수배를 당해 삼 년여 숨어살던 이야기, 뜻을 같이한 동지로부터 한평생 고락을 나눌 부부의 연을 맺고 여러 가지 악조건 속에서도 너를 우리 삶의 알짜로써 맞이하는 마음 등. 서툴게 꿰맨 자욱마다 우리 삶의 내력이 꼭꼭 박혀 있는 이 빨간 좁쌀 베개로 너의 머리를 굳건히 받쳐 주면 쑥쑥 기운차게 자라날 너. 푹신한 동물 나라 이불에서 푸근한 잠 속에 빠져들며 엄마를 향해 가장 고운 웃음을 던져 줄 아가, 엄마의 바느질은 벌써부터 너의 미소에 취해 삐뚤빼뚤이로구나.

너를 기다리며

아가,
　어떻게 된 거니? 세상 밖으로 나오기가 싫은 거니?
　초산은 조금 늦다고는 하지만 예정일이 일주일이나 지났는데 아직 아무 소식이 없어 잘못된 게 아닌가 괜한 걱정이 앞선다. 많이 움직여야 빨리 나온다고 해서 오늘은 새벽부터 일어나 방에서 부엌까지 다리를 쳐들고 수백 번도 더 뛰어다니다 서울대공원을 종일 걸어다녔더니 배가 우리 한 것이 곧 네가 나올 것도 같더니만 또 종무 소식이다.
　사실 너를 맞을 채비를 잘하고 있는지 따져 보면 아무 준비가 되어 있지도 않은데, 단지 엄마 아빠가 된다는 사실에만 설레어 이처럼 조바심치는 것은 아닌지. 남들 다 혼인을 하여 가정을 꾸리면 부모가 되고 자식을 키우니 우리도 그저 나오기를 기다렸다가 그냥 닥치는 대로 부딪혀 가면 되는 걸까. 정말 엄마 아빠, 부모가 된다는 것, 엄마가 된다는 건 어떤 의미일까.
　엄마는 너의 보금자리를 쓸며 흔히 위대한 어머니의 전범으로 꼽히는 사임당 신 씨나 정몽준의 어머니, 이웃나라 중국의 맹모삼천지교,

단기지훈의 교훈을 남긴 맹자의 어머니 구 씨 등을 떠올려 본다. 그들의 자식에 대한 열정, 자식에게 가한 서릿발같은 가르침은 과연 범상한 것은 아니다. 우리네 전통적인 자녀 교육관에 따르면 엄부 엄모, 다시 말해서 엄한 부모 밑에 효자 효녀가 난다고 했거늘 그러나 엄한 것의 내용과 지향은 과연 무엇일까? 유교 윤리가 지배하는 전통적인 가부장 사회에서 자식은 부모로부터 그 사회적 지위와 가산을 물려받고 틀에 박힌 예의 도덕을 일방적으로 강요받아 왔지. 그 속에서 한 개인의 입신양명을 달성하게 하려는 개인적 성취를 위한 가르침이 절대적인 중심이었음은 말할 나위가 없다. 그 엄모들의 자식을 위한 강인한 모정·가르침이 의미가 없는 것은 아니되, 진짜 인간됨의 큰 가르침으로 꼽을 수는 없는 것이다.

그보다는 일제의 간악한 고문 앞에 굴하지 않고 스스로 목숨을 끊어 아들로 하여금 항일의 뜻을 꺾지 않도록 의기를 드높인 의병장 김서기의 어머니, 감옥에서 옥창을 부여잡고 우는 아들의 눈물에 호랑이를 키운 줄 알았더니, 고양이를 키웠다고 호통을 치던 안중근 의사의 어머니. 그밖에 알려지지는 않았지만 칠흑 같은 일제하의 밤을 지혜와 슬기로 넘어선 이 땅의 숱한 어머니들. 그리고 자식에게 아무 것도 가르친 것도 배불리 먹여 본 적도 없지만, 왜 그처럼 당하고 짓밟히며 살 수밖에 없는가를 끊임없이 따져 묻고, 이 세상의 잘못된 모순의 근원을 찾아 나서고 파헤치게 해 온 이 땅의 진짜 민중의 어머니들이 보다 바람직한 어머니 상으로 엄마는 새기고 있다. 그러나 그것은 어디까지나 도달해야 할 경지인 듯 사실 엄마는 생떼 같은 자식, 핏줄에 대한 연연으로부터 결코 자유스러울 수 없을 것 같은 막연한 두려움 속에서 헤매이고 있는 수준이다.

잘 자라게 하는 것이 어떤 것인가 하는 기준의 문제가 있겠지만 아가, 엄마 아빠는 일반적으로 얘기되는 잘 먹이고 잘 입히고 좋은 환경에서 너를 자라게 할 자신은 정말 없다. 여느 부모와 마찬가지로 너에 대한 사랑의 넓이와 깊이는 가없을 것이지만 그러나 엄마 아빠의 지금의 조건이나 능력으로써 현실적으로 너에게 줄 수 있는 물질적·정신적 애정은 한계가 있을 수밖에 없다는 것이다. 아니, 그 조건 속에서 네가 그것을 현실로 받아들이며 나름대로 삶의 길목을 다잡아 갈 것을 바라고 있다고 말하는 편이 옳겠지.

아가, 앞으로 네가 살아갈 이 사회는 말로만 누구나 자유롭고 평등한 사회지 사실은 자유롭고 평등하게 살 수 있는 조건이 전혀 사회적으로 보장되지 않은 채 개인적 성취 노력에 달려 있는 그야말로 경쟁 사회, 부모의 사회적 지위, 물질적 부의 축적 정도에 따라 자신의 삶을 규정 당해야 하는 고르지 못한 사회인 것이다. 많은 엄마나 아빠들이 이 불평등 사회에서 자식만큼은 조금 더 나은 삶을 누리게 하기 위해 밤낮 없이 뛰어다니고 따라서 이처럼 부모들의 자식을 위한 더 낳은 사회적·경제적 지위 쟁탈, 기득권의 유지·강화를 위한 노력이 깊은 사회문제로써 병들어 있고 또 그렇게 조장되고 있는 기막힌 상황이다. 거기서 엄마 아빠 또한 막상 네가 이 세상에 나오면 너 하나 잘 키워 보겠다고 지금까지의 삶을 저버리고 거기에 목을 매달며 우리 가정 자체가 부패의 온상이 될지도 모르는 일이다.

그러니 아가 너를 기다리는 엄마 아빠의 심정은 단순한 설렘·기쁨일 수만은 없구나. 얼른 나와 이 품에 안겼으면 바랄 나위가 없을 것 같은 마음 한구석에는 이 어느 하나 그냥 주어지는 것이 없는 악다구니 세상에서 어떻게 부모 노릇을 해낼 수 있을지가 짊어져야 할 엄청난 무게로 내리누르고 있는 것이다.

하지만 한 번 해보자. 남들 다하는데 우리라고 못할 것이 있으랴는 막연한 심정적 차원에서가 아니라 문제의 한복판에는 반드시 그것을 풀 해답이 있기 마련이니, 결코 피하지 않고 부딪혀 나가자는 것이 지금 엄마 아빠가 할 수 있는 최대의 약속이구나. 건강하게 아무 탈없이 이 세상에 나오는 것, 그것이 지금의 너에게는 가장 중요한 문제라면, 엄마로서는 그 힘들다는 산고의 고통을 감내 해내는 것, 그리하여 마침내 하늘이 열리는 감격을 맞는 것이 지금의 숙제일 것이다.

금반지와 전당포

 네 백 날을 지내고 나니 우리 집은 큰 부자가 되었다. 금반지가 쌓이고, 작은 팔찌도 있고 은수저 등등 우리 아기 건강하고 바르게 자라라고 많은 사람들이 이렇게 고운 징표들로 축하를 해주셨구나.
 그러나 아가.
 엄마는 오늘 네게 큰 죄를 지어야겠다. 게으름을 피운 것은 아닌데 어쩌다 보니 집에 돈이 떨어진 지 벌써 일주일째구나. 연말 연시다 이래저래 괜히 바빠서 원고도 쓰지 못하고 출판사 사정도 안 좋은지 연락이 없으니 뻔한 처지에 독촉하기도 뭐하고 급기야 결혼하고부터 죽 모아 온 저금통까지 다 털고 어제는 집안에 있는 동전을 죄 그러모아 아빠 차비를 주고 나니 그야말로 무일푼. 그런데 덜컥 쌀이 떨어지고 무엇보다 기름이 바닥이 났구나. 이 추운 겨울에 아무리 이불을 깔아 놓고, 찬밥이랑 라면으로 하루는 버텼지만 불기 없는 방에 재워서 그런지 콧물에 재채기, 젖도 잘 안 먹고 너는 하루종일 보채고, 세탁기까지 얼어붙어서 며칠째 찬물에 빨래를 해대니 엄마까지 몸살기가 있어 온 몸이 덜덜 떨려 도저히 버틸 수가 없구나. 아빠는 아직 소식이 없고 열

이 불덩인 채 울어대는 너를 들쳐업긴 했는데 네 친가가 코앞이지만 할머니한테 말씀드리자니 걱정만 끼쳐 드릴 것 같고 생각다 못해 네 보물들을 끄집어냈다. 추운 겨울날 이 먼 데까지 네 탄생을 축하해 주시느라 와 주신 분들의 성의를 이렇게 저버려도 되나? 무엇보다도 너의 소중한 물건을 엄마 아빠가 못나서 지켜 주지 못하다니 정말 부끄러워서 얼굴을 들 수가 없다. 하지만 어쩌겠니. 엄마가 좀더 열심히 일해서 다시는 이런 일이 없도록 있는 힘을 다하는 수밖에.

친척 어른들이 보내 주신 반지 몇 개를 들고 엄마는 난생처음 전당포를 찾아 나선다. 엄마 사정을 눈감아주는 듯 고맙게도 너는 등에 업혀 잠이 들고 한 겨울에 식은땀을 흘리며 물어 물어 찾아 드니 가슴이 철렁. 어쩜 전당포가 꼭 감옥의 철창과 똑같이 쇠창살이구나. 엄마가 제일 혐오하는 고리대금업자, 도스토예프스키의 『죄와 벌』이란 소설이 생각나기도 하고. 한겨울 솜옷 보따리를 한아름 싸 들고 네 외할아버님 면회 가던 생각이 나기도 하고. 사람이 들어섰는데도 기척도 없이 난로 위 주전자에서 수증기만 자욱히 끓어오르는 그 곳에서 하마터면 정신을 잃을 뻔했다. 다시 침을 꿀꺽 삼키고 겨우 벽에 의지해 가까이 다가가니 나이 지긋한 아저씨가 뭐라뭐라 하는데 물어 볼 정신도 없이 그냥 반지를 내미니 주민등록증을 달라는데 손가방 속의 그것이 왜 그리 손에 잡히질 않는지 주머니고 가방 속에 있는 것을 죄 끄집어 내놓고서야 겨우 찾아 내미니 오만 원을 창살 너머로 주더구나. 황급히 뛰어나와 찬바람 속에 서서 엄마는 참으로 기가 막혔다.

잡문 하나에도 생명이 달렸다 생각하고 출판사고 신문사고 원고를 넘길 때마다 글자 한자 고치지 못하게 하고 소중하게 생각했던 엄마의 이름, 수배 삼 년을 지내고 누군가 엄마 이름을 불러 주었을 때 그처럼 낯설었지만 부끄럽지 않게 잘 지켜 왔다고 감격했던 백원담이라는 이름 석자, 그러나 지금 전당포 전표 딱지에 보기 좋게 휘갈린 엄마 이름을 발견하고 그 동안 얼마나 헛살았는지 한겨울을 가르는 매서운 바람에 엄마는 여지없이 매질을 당한다.

아가,

너는 엄마의 본질을 똑바로 보아야 한다. 이 땅의 수많은 엄마들이 생활에 목이 차서 그 가혹한 창살 앞에서 수없이 자기를 버텼을 것이다. 너의 외할머니, 친할머니 그 누구도 결혼 반지, 우리들 돌 반지가 남아 있지를 않다. 그런 일은 너무도 비일비재하게 일어나는 일상사인 것이다. 그리고 많은 양심들이 정의와 인간의 참된 역사 발전을 믿으며 또다른 쇠창살 앞에 섰다. 그런데 엄마는 이 굴욕을 견디지 못해 정신까지 잃을 뻔했다. 너한테 미안한 것을 빼놓고 나면 문제는 엄마의 계획 없는 삶만이 파리하게 남는다. 그런데 그 알맹이는 놔두고 서툰 감상에 휘청이는 걸까.

참으로 우리 아가가 많은 것을 엄마에게 주는구나. 네가 있다는 것만으로도 엄마는 감격에 겨운데 이제 엄마의 허깨비 같은 자화상들을 송두리째 까부수며 새로운 삶의 발길을 박차게 하는 거다.

할머니의 수수팥떡

　첫 돌은 엄마 아빠가 느닷없는 일을 당해 집에서 못 지내고 외고모 할머니가 챙겨 주셨는데 또 한 해가 지나 벌써 두 돌을 맞는구나. 할머니는 첫 돌을 못 차려 주신 것이 영 마음에 걸리셨는지 손수 떡을 빚고 음식을 장만하시고, 집안 가득 맛있는 냄새와 훈훈한 정이 담뿍 배어 있다.
　아름, 지금 할머니가 만드시는 떡이 무엇인지 아니? 수수팥떡이란다. 네 백 날에도 할머니는 그 떡을 만들어 주셨지. 옛부터 우리 조상들은 아이가 태어나 백일이 지나고 첫 돌이 되면 꼭 수수팥떡을 해서 아이들에게 붙어 있는 살을 없애 주고 그 뒤 열 살까지 생일 때마다 수수팥떡을 해주면 평생의 '살'을 이겨낸다고 하였다. 열 아이를 낳아 반도 살리기 힘들고 또 명이 질겨 어떻게 목숨은 부지했다 하더라도 배 한 번 양껏 불려 보기 힘들고 열 살만 지나면 남의집살이에 보내야 하는 기막힌 현실 속에서 아이가 제 밥그릇은 찾아 먹을 열 살까지라도 호랑이의 붉은 피가 깃든 수수팥떡의 붉은 기운으로 자신에게 닥쳐오는 온갖 살을 스스로 헤치고 건강하고 씩씩하게 살라고 수수를 곱게 빻아 알알이 빚는 옛어머니들의 원혼이 배인 그 팥빛 붉은 떡 한 알, 한 알. 할머니한테 수수팥떡은 그 옛날 우리 어머니, 할머니들의 살풀이만큼이나 깊은 아픔이 맺혀 있지.

생각나니? 갑자기 엄마 아빠에게 일이 생겨서 밤으로 길을 떠나 한 달여 낯선 곳을 떠돌았던 그 때. 그 짧지 않은 고행 길에서 너는 내내 잠을 설쳤고, 엄마 아빠 또한 이제까지의 삶을 반추해야 하는 또다른 고비를 맞았었다. 아들 며느리, 손주가 갑자기 어디로 사라졌는지, 어디 가서 밥이나 굶고 있지는 않은지, 가슴 저리며 첫 손주의 첫 돌을 빈 손으로 맞았을 할머니의 패인 주름. 이 세상 모든 귀신들이 다 엉겨붙어 길을 막는다 해도 거친 손마디 마디 주문처럼 알알이 수수팥알 빚어내고 싶으셨을텐데. 이제 저리 즐거우신 듯 팥을 삶아 내고 곱게 으깨어 놓고 붉은 수수알들을 동글리고 계신 할머니의 모습이 눈부시게 고와서 엄마는 눈자욱이 벌개진 채 공연히 솥뚜껑을 여닫는다.

팔팔 끓인 물에 포르르 맴돌다 동동 떠오르는 하얀 멍울들, 얼른 꺼내 팥고물을 묻혀 접시에 예쁘게 놓아 상위에 올리고 미역국 한 그릇. 하얀 이밥 한 그릇 떠서 수저 놓고 안방 구석에 놓으시며 무언가 입 속으로 되뇌이시는 할머니, 아가 잘 눈 여겨 보아 두거라.

텔레비전에서 '생일 축하합니다' 노래를 부르며 허이연 생일 케이크에 촛불을 키고 후욱 부는 선전만 나오면 좋아라 박수치는 두돌박이 아가, 그것은 장사꾼들이 빵을 많이 팔아먹으려고 만들어 낸 장사꾼의 문화. 우리 할머니, 어머니들의 가슴으로부터 손끝 마디 마디에서 알알이 배어 나온 수수팥떡과는 비교가 안되는 속임수란다. 부디 그 사탕발림에 너에게 박혀 오는 갖은 죽임의 살을 헤벌리고 맞고 있지는 않겠지….

어린이날의 선물

"나도 아빠다, 아빠 확실하지?"

아침부터 네가 보는 어린이 프로그램을 시작하기 전, 어김없이 불어 대는 선전 나팔에 엄마는 가슴이 철렁 내려앉는다. 아기 용품 가게를 거들먹거리며 들어서서 옷 한 가지라도 집어들고야 아빠를 자부할 수 있는 세상, 부모 자식간의 가장 본능적인 관계조차 얼마 짜리 상품으로 바뀌치기 당하고 있으니, 새벽녘에 들어와 겨우 눈을 붙이고 아침해가 무섭게 양말도 제대로 꿰어 신을 시간 없이 쫓기듯 달려나가는 네 아빠의 충혈된 눈, 그 널찍한 가슴에 너를 푸근히 안아 줄 시간도 없이 물기 어린 사랑의 눈길만 던지고 바람처럼 떠나는 아빠의 뒷모습에서 너는 매일매일 무얼 생각하는지.

오늘이 네가 처음 맞는 어린이날. 아빠는 오래간만에 한갓지게 너와의 하루를 계획한다. 쏟아지는 잠과 싸우며 가까운 공원이라도 가자고 도시락을 싸 들고 길을 나서기는 했는데 막상 갈 곳이 마땅치 않구나. 그러나 이 얼마나 오랜만의 휴가인데, 내친김에 올라탄 버스 안은 풍선과 선물 꾸러미를 들고 예쁘게 웃으며 어디론가 하루 동안 허락된 자유를 꿈꾸며 떠나는 아이들 재잘거리는 소리가 가득하다. 구파발쯤 이르자 참새 떼들은 우르르 내리고 지하철 계단 아래 모이를 발견한 작은 나래들이 포르르 빨려 간다.

외갓집 고갯마루를 오르면서 아빠 품에 안겨 잠이 든 너. 네 나들이 보따리만 두 손 가득이라서 그 고운 뺨을 어루만질 수는 없구나. 이제 사람 참새 떼는 사라지고 푸른 하늘 나뭇잎 사이로 짹짹거리며 진짜 참새들이 마냥 날아다니는데 언젠가 네가 커서 엄마 아빠 품을 미끄러지듯 빠져나가 저 새들처럼 마냥 하늘을 날아다닐 때가 있겠지.

처음 맞는 어린이날을 바위산 기슭. 사람들이 부대끼며 사는 마을이 아득해 보이는 이 곳에서 맞으며 엄마와 아빠는 이 드넓은 자연의 세계를 온통 너에게 안겨 주고 싶어 말없이 마주보며 깊이 심호흡한다. 푸른 하늘, 맑은 물, 듬직한 바위, 쭉 곧게 뻗은 소나무. 거대한 바위덩이가 비바람에 씻기우고 모진 풍상을 견디다 마침내 알알이로 굵은 모래알. 이름 모를 풀하며 새들의 노랫소리, 이 품안에서 사람들은 살아갈 방도를 모색해 왔지. 아가, 네가 이 다음에 커서 자연과 싸우며 삶의 경지를 높일지, 삶의 한복판에서 부대끼며 아픔을 넘기 위해 몸부림을 칠지 그건 잘 모르겠다. 그러나 언제라도 숨이 턱에 차오르거든 이렇게 한달음에 산에 오르렴. 이 넉넉한 품에 안겨 묵은 때 사그리 벗어 던지는 거다. 그리고 다시 시작하렴. 늘 호흡을 새롭게 가다듬을 수 있는 이 엄청난 힘을 가진 자연의 웅대한 기상, 그것이 처음 맞는 어린이날, 엄마 아빠가 네게 줄 수 있는 유일한 선물이구나.

겨울 나들이(이인경 그림, 캠퍼스에 유화, 24×30.5cm)

겨울 나들이

잠드는구나.
남들은 구정이다, 보너스다 오랜만에 얼굴들 피고 또 한 해를 맞는가. 온종일 밀려드는 청구서, 독촉장에 서른네 살의 젊음 지쳐 돌아가는데 엄마의 속절없는 한숨 소리 새김질하듯 새액색 한 시간여 씨름 끝에 겨우 잠드는구나.
버스 타고 지하철 타고 다시 갈아타고 구름다리를 건너 허덕이는 엄마 허리에 대롱대롱 매달려 외삼촌 가난뱅이 출판사 가파른 계단 위, 그리고 한기 서린 사무실 탁자, 살 차가운 철제 책상 위를 아기 원숭이처럼 오르락 기어다니다 엄마일 끝나면 다시 계단을 내려 구름다리 건너 지하철 타고 갈아타고 버스 타고 언덕길 허위허위. 그 열 시간의 나들이 속에 너는 잠들지 못했다.
자료 보따리, 원고 뭉치, 도시락 보따리 잔뜩. 한겨울 매서운 바람이 코를 에어도 엄마는 너를 살갑게 안아 줄 두 팔도 없다. 그저 가슴에 묻은 네 얼굴, 문득문득 들여다보며 안타까운 눈빛만 던질 뿐. 아가, 이 가파른 언덕길 눌러 씌운 모자를 벗어 던지지만 말거라. 엄마가 집어

줄 수가 없단다. 이제 세상에 나온 지 여섯 달. 일주일 단식에 이미 알아봤지. 외할머니 품에 우유 먹고 자장자장 잘도 자면 좋으련만 하루종일 악다구니로 울어대며 일주일 꼬박 물만 먹고 버티는 네 처절한 생존의 싸움에 엄마도 울고 외할머니도 울고. 결국 이 냉혹한 겨울 나들이를 매일매일 하루도 빠짐없이 엄마와 너는 나서는 거다.

　구루마 위에 군밤 파는 아주머니가 차라리 부러웠다. 연탄가스를 종일 들이마시는 한이 있어도 따뜻한 등때기에 종일 아이를 업고 안고 있을 수 있잖니. 벌벌 기어다니는 너를 유모차에 종일 앉혀 놓고 흔들흔들 잠만 자라니 정말 할 짓이 아니구나. 아가!

　컴퓨터에 박히는 글자는 네 피울음으로 엉겨 붙어서 좀처럼 발을 뗄 줄 모르고, 있는 자료 다 뒤적이고 깊은 숨 내리쉬어도 네가 인내하지 못하는 그 시간을 엄마도 참기 어렵다. 그렇게 매일 매일의 고행을 너는 하나도 잊지 않고 낱낱이 새기려는 듯 잠들지 못하더니.

　해가 다 진 저녁 무렵. 문을 열고 들어서면 컴컴한 방이라도 너는 이제야 살 것 같다는 듯 썰썰 기어다니다 제 풀에 지칠 때도 됐는데 엄마 젖 물고 한 시간 넘게 어릿떼를 부리다 이제야 잠드는구나.

아빠 그네

 엄마가 버릇을 잘못 들인 탓일까. 이제 세 달로 접어드는데 삼십 분이 못 되어서 응애응애. 국어 책에 나오는 갓난아기 울음소리를 너는 참으로 정확하게도 울어댄다.
 사회 운동한답시고 생활 문제에 신경 쓸 겨를이 없을 거라고 여기저기 도움 주는 사람이 많아서 여지껏 그런 대로 버텨 왔지만 일터에 안 나가고 있는 지금, 이제 손내미는 것도 못할 짓이고, 애까지 놓고 어쩔려고 그러느냐고 무책임을 질타하는 소리가 화살처럼 와 박히는 것 같아서 더이상 입도 안 떨어진다. 정말 잡문이라도 쓰고 번역이라도 해야 우리 세 식구 남한테 아쉬운 소리 안하고 살 수 있을 텐데 어쩌자고 너는 삼십 분이 멀다 하고 그렇게 악다구니로 울어대는지. 손타서 그런다고들 하지만 엄마는 육아 책을 뒤져 가며 신생아의 평균 수면 시간과 너의 잠자는 시간을 비교해 보고 네 울음소리가 배가 고파서 우는 건지, 어디가 아픈 건지 애써 구별하느라 속내를 태운다.
 하루종일 너를 안고 달래다 보면 팔은 팔대로 아프고 잠깐 짬이라도 나면 원고지를 붙들고 씨름해 보지만 벌써 1주일째 허탕이다. 아무리

아빠 그네(이인경 그림, 캠퍼스에 유화, 24×30.5cm)

잡문이라지 만 자료도 봐야 하고 생각을 정리할 시간이 있어야 한 줄이라도 끄적일텐데 뉘어 놓기가 무섭게 울어대는 넌 도무지 속수무책. 아빠는 아빠대로 바빠서 이틀이 멀다 하고 외박이고 마감을 넘긴 지 벌써 한 달, 출판사 독촉 전화는 목을 조인다.

궁하면 통한다고 급기야 흔들 침대에 너를 뉘어 놓고 목에 거는 볼펜 줄을 흔들 침대 손잡이에 묶고 이리저리 끌고 다니다 책상 옆에 갖다 놓고 발로 까딱까딱하니 신기하게도 너는 한바탕 울어제끼려다 말고 다시 잠이 든다. 한 이틀은 그렇게 잘 버티더구나. 손으로는 글을 쓰고 발로는 까딱까딱. 광경이야 어떻든 엄마는 네가 그나마 한 시간쯤은 버텨 주는 그 짬이 고마워서 행여 깰 새라 열심히 까딱거린다. 그러나 딱 한 시간뿐이다. 아무래도 자리가 반듯하지 못하니 한 시간이 지나면 아무리 열심히 까딱거려도 막무가내. 다시 안아 들고 이방저방 좁은 방 구석을 흔들거리며 누비고 다녀야 한다.

그런데 정말 기막힌 일이었다. 아빠랑 오래간만에 외출을 했다가 시간이 남아서 잠시 백화점엘 들렀는데 유아 용품 매장을 구경하다가 아기용 그네를 발견했구나. 무심코 앉혀 놓았더니 너는 일 분도 안되어서 잠이 들고 마는 것이었다. 조금이라도 시끄러우면 사이렌처럼 앵하는 네가 그 시끄러운 데서 정말 편안히 그네 장단에 맞춰 꿈속에 노래라도 하는 듯 깊이 잠이 들다니. 엄마 아빠가 너무 놀라 하니 백화점 아가씨도 웃으면서 가만 놔두라고 하더구나. 미안하기도 하고 참으로 고마운 물건이다 싶기도 하고 무엇보다 이거면 엄마가 일을 할 때 참으로 긴요하게 쓰이겠다 싶어 가격을 보니 무려 사만 오천 원. 엄마 아빠는 말없이 잠든 너를 안아 들고 백화점을 빠져 나왔다. 일을 보고 집에 가는 버스 안에서 엄마는 내내 그 생각뿐이었다. 저 그네만 있으면 네가 잠도 잘 자고 엄마는 일을 할 수 있을 텐데. 그러나 우리 사정으로는 너무 큰 돈이라 차마 말이 떨어지질 않았다. 흔들 침대도 겨우 마련했는데 아기 그네는 새로 나온 상품이니 어디서 얻을 데도 없을 것이고. 동네 가게에서 사면 좀 쌀지도 모르는데 어디서 꿔서라도 그것만 구하면 원고를 쓸 수 있고 그러면 갚을 수 있으니 사는 것이 좋겠다고 사야 한다고 다짐하면서 네 아빠에게 그네를 사야겠다고 내심 단호하게 이야기를 했구나. 아빠는 생각해 보자고 했다. 매일 겪는 일을 안 봐도 뻔하고 있기는 있어야 되겠는데 그렇다고 없는 돈에 남한테 빌려서 그것을 사자니 영 내키지가 않는 모양이다. 다시 왜 사야 하는지를 강조해서 말했지만 좀 생각해보자더니 영 딴청이다.

엄마 역시 엄두가 나지 않는 일임은 마찬가지이다. 좁은 집에 그 큰 그네가 들어서면 하루가 멀다 하고 객식구들이 들끓는데 그들 보기도 그렇고 어디 앉을 데도 마땅치 않고 그래도 어쩔 수 없다고 엄마는 졸라대고 아빠는 묵묵부답이길 근 이틀째. 오늘은 장난감 도매상에 가서 얼마까지 해줄 수 있냐고 했더니 삼만 오천 원까지 해준다기에 신이 나서 아빠가 들어오자마자 얘기를 꺼냈다. 동네 아줌마가 어떤 집에 가니까 그 그네가 있는데 백일 좀 지나니 애가 안타더라던 말이 마음에 걸렸던 것은 사실이다. 그러나 다급한 처지에 한 두 달이 어디냐고 그 말은 쏙 빼고 더이상 못 참겠다고 화까지 냈다. 아빠는 그러거나 말거나 대꾸도 않고 씻고 저녁 먹고 괜히 텔레비전을 컸다 껐다 하더니 그새 깨서 우는 너를 안고 흔들흔들, 너는 아랑곳없이 어느새 다시 잠이 든다. 작은 이불 위에 너를 눕히더니 아빠는 엄마를 조용히 불렀다.

"이것 좀 봐."

"……"

"이것 좀 보라니까."

"뭘?"

"안고 흔들흔들하니까 도로 자잖아."

"당연하지."

"화내지마. 내가 대신 그네 해줄게. 낮에는 안되지만 되도록 일찍 들어와서 그네 대신 따뜻한 아빠 품에서 재워 줄게. 이거봐 자는 얼굴이 얼마나 이쁘냐? 당신 힘든 거 나도 알아. 장난감 가게 지나면서 눈 딱 감고 살까 한 것도 사실이야. 그런데 백 일 지나면 안 탄다더라. 겨우 한 두 달인데 그냥 버텨 보자. 내가 해줄게. 튼튼한 팔과 넓은 가슴으로 아빠 그네 해주면 되잖아. 삼만 오천 원이면 우리한테 큰 돈이잖아. 물론 그게 아까와서만은 아니야. 애들 하루종일 고생하는데 라면도 못 사줬어. 밤샘하러 우리 집에 왔다가 이걸 보면 뭐라 하겠니? 우리야 사정이 있지만 다른 사람들은 잘 모르잖아. 방값 못 내고 이제 곧 겨울인데 불도 못 때고 살 애들이 얼마나 많은데. 조금만 더 버텨 보자. 나아지겠지. 백일 지나면 아무리 심하던 애들 착해진다더라. 우리 아가가 예민해서 그래. 심한 애들이 똑똑하다잖아. 영리한 애 부모 되기 쉽냐? 정말 될 수 있으면 일찍 일어나고 일찍 들어오고 밤에도 내가 깨서 애 볼게. 밤에 실컷 자. 그러면 피곤하지 않을 거고 잠시 잠깐이라도 정리할 정신이 날거야. 조금만 참아. 우리 딸 효녀가 되어서 엄마 말 잘 들을 거야."

엄마는 아무말도 할 수가 없었다. 설거지 핑계 대고 부엌으로 와서 찔끔거리며 행여 볼 새라 물을 있는 대로 틀어 놓고 그릇을 씻었다.

아가, 밤이 꽤 깊었다. 정말 큰 결심을 했는가 보다. 소리도 정확하게 삼십 분 간격으로 깨서 울어대는 너를 안고 흔들흔들. 네가 태어난 지 두 달이 넘도록 한밤중에 그토록 울어대도 단 한 번도 깬 적 없이 코까지 골며 자던 네 아빠가 오늘밤엔 응애응애 요령 소리가 나자마자 얼른 일어나 그네 태우고 너는 다시 잠이 들고 아빠도 언제 그랬느냐는 듯 또다시 고르게 코고는 소리가 방안 가득하다. 모른 척 밤새 책장을 뒤적이다 다시 코고는 소리에 살며시 방문을 열어 본다. 배가 고파서 울었을 텐데 엄마가 모른 척했구나. 미안. 다시 깨면 맛있는 젖을 줄께. 우리 착한 딸 잘 자거라. 꿈속에서 아빠 그네 그 푸근한 팔에 안겨 오래오래 자거라!

아가 아가 우리 아가
스렁스렁 팔 그네에
달게 웃는 우리 아가

흠칫 놀란 가슴일랑
화덕 같은 아빠 품이
설설 녹여 주련만은
들꽃 같은 손길일랑
이불 같은 아빠 손길
살풋 쓸어주련만은

아가아가 우리 아가
시렁시렁 팔 그네에
소록 잠든 우리 아가

너울이 아빠

아버지가 된 뒤에도 녀석에게
고운 말 한번 건넨 적 없건만
이 세상에서 가장 아름다운 여인의 이름(너울내)을 가진 딸애가
BCG접종 부작용이 나서 겨드랑이에 임파선이 붓고
세 달째 약을 먹고 있단다.
에비 에미가 오죽 칠칠치 못하면 애 하나 건사 못한다고
책임지지 못할 애는 왜 낳아서 고생시키느냐
애가 무슨 죄냐고 호통을 치다가
한 달째 집에 들어갈 시간이 없어서 애가 어떤지 모르겠다고
에비라고 해줄 것도 없고
마누라만 죽어 날 판이지만 어쩌겠냐고
그저 지나가는 말처럼 응수하는 녀석
싸움꾼 노조위원장인 그의 아내
훤칠한 키가 못 먹어서 더욱 배틀어진 채
보건소를 비지땀으로 들어설 그녀를 생각했다.

단돈 2,500원이 없어서 아이에게 저항력을 키워 준다며
병원문을 나서지 못하는 내나 지나
똑같은 이 땅의 부모가 되어
살아갈 길이 막막한 만큼
세차게
빨아대는 아이의 젖 먹는 소리에
결코 주저앉을 수 없는 여름을
장마비 휩쓸어 가고.

85년 경기도 어느 공단 주변에서 노동관계일을 볼 때다. 노동운동에 대한 고민을 주고받고 그 뒤 사정이 여의치 않아 그곳을 떠나온 뒤에도 지속적으로 만나면서 노동 현장에서 벌어지는 문제에 대해 의견을 주고받던 후배 노동자가 있었다. 90년도에 한 섬유 회사, 당시 그 회사는 노동조합 활동에 대한 탄압책으로 공장 폐업을 하여 그 회사의 여성 노동자들을 중심으로 한 폐업 투쟁이 근 세 달여 계속되었지만 이렇다 할 해결책을 찾지 못하고 있는 상태였다. 그 후배가 마침 그 폐업 투쟁을 지원하다 노동조합 위원장과 가까워지고 급기야 혼인을 하기에 이르렀는데, 혼례 잔치에도 어찌 가보지 못하고 서로 하는 일이 바쁘다 보니 만날 길은 점점 어려워지고 한 일 년간 소식이 없어 궁금하던 차에 어느 날 새벽 느닷없이 전화가 걸려 왔다. 안부도 묻지 않고 대뜸 들이대는 말이 'BCG가 뭐요' 하는 것이다. 애가 그 예방접종 부작용이 나서 보건소를 다니는데 지역에서 제일 중요한 노동조합에 싸움이 걸려서 한 달째 집에 못 들어갔다는 사정하며, 가본들 뾰족한 수가 있을 리 없고 지 에미가 알아서 하겠지 새벽바람에 전화로만 몇 번 소식을 전했을 뿐 상태도 잘 모르겠고 인편에라도 병치료에 도움이 될 얘기를

전하고 싶은데 혹시 뭐 병에 대해 아는 게 없느냐는 얘기였다. 싸움에 일단 임했다 하면 물불을 가르지 않고 온몸을 던지는 친구라 그 열정을 높이 사는 한편 싸움이 극으로 치달을수록 침착하게 대처하라고 수없이 일러야 할만큼 막무가내인 친구. 노동판에서만 잔뼈가 굵은 녀석답게 어린 나이에도 가슴이 한량없이 넓어 떠올리기만 해도 든든한 마음이 들던 그가 어느새 혼인도 하고 아름이보다 몇 달 뒤미친 딸까지 두었다는데, 예나 이제나 어디 사업장에 싸움이 벌어졌다 하면 나는 듯 달려가 일주일이고 한 달이고 달라붙어 끝까지 밀어붙여야 직성이 풀리는 그를 잘 알기에 또 그 짝이냐고 한바탕 설교를 하고 그러나 전화 급습을 받은 내 자신 역시 아이가 일주일째 기침과 콧물 감기에 시달려도 병원 문턱에 들어설 수 없는 주변이었으니 홧김에 실컷 욕을 퍼대주기는 했으되 마음이 편할 수가 없었다. 동전도 없었는지 시외전화는 그대로 끊기고 집을 모르니 코찡찡이 아이 들쳐업고라도 그 아내와 딸이 날마다 들어설 보건소엘 가서 섰으면 어찌 만날 수가 생기리라 싶어 불현듯 길을 나섰지만 같은 경기도라도 아득한 남과 북, 고기 한 근이라도 챙겨 들고나서야 할텐데 차비조차 난감한 한낮에 핑계처럼 장마비 가맣게 앞을 가로막아서고 하늘이 무너지는 그 어둠 속에 찢어진 우산을 받쳐들고 내쳐 울 때 속절없이 무너져 내리던 억장이여!

엄마의 요즘 고민

　혼인하고 이태가 되도록 동네 사람들과 인사 한 번 제대로 하지 못했는데 네가 태어나고 집에 있는 요즈음 제법 윗집 아랫집 마실이 잦아지면서 이제껏 소시민으로 낙인찍어 왔던 보통 사람들의 살아가는 모습에 또다른 감동을 받는다.
　새벽부터 밤까지 가족을 위해 그야말로 자기 헌신을 다하고 알뜰살뜰 십 원 짜리 동전 한 닢도 바들바들 떨며 열심히 살아가는 그네들. 모든 것이 오직 자기 가족의 안일과 행복을 위해서라는 점에서 우리 사회를 움직여 갈 수 있는 거대한 이데올로기적 동의, 그 엄청난 체제 유지의 동력을 정말로 실감하지 않을 수가 없다.
　그런 가운데 엄마 아빠의 삶의 뿌리가 너무나도 허약한 지반에 뿌리내리고 있다는 생각에 가슴을 친다. 미국 정보국에서 한국의 제일 극빈자층은 운동권 사람들이라는 보고서가 있다지만 참으로 지난한 싸움 속에서 생활은 생활대로 엉망인 채 되는대로 살아지는 요즈음 우리 주변을 되돌아보고 이웃들의 사는 모습을 눈여겨보면서 그들의 철저한 소시민 의식과 삶의 질서 앞에 엄마는 정말로 무기력함을 실감하지 않을 수 없다.

아름,

엄마 아빠의 삶의 뿌리는 어디일까. 동네 아줌마들이 네 아빠가 무얼 하는지 엄마는 왜 늘 바쁜지 물어 올 때마다 난감한 생각이 든다. 노동운동을 한다고 당당하게 이야기하고 싶지만 설명이 필요하고 어떤 선입견이 두려워서가 아니라 우리 생활에 대한 이해를 공유해야 하는데 엄마가 원고를 써서 먹고산다고 하자니 그저 살기 위해 돈 때문에 바둥바둥 거리며 글품이나 팔고 있는 듯 속이 상하고. 이래저래 얼버무리고 지나기는 하지만 더더욱 궁금한지 직접 대놓고 물어 보진 않지만 그네들끼리는 수군거리는 눈치다.

그러나 아름, 엄마가 그걸 설명하기 어려워서 혹은 무슨 의도가 있어서 그러는 건 아니다. 그 이전에 엄마는 엄마 아빠가 살아온 내력에 대해 분명히 해 둘 필요가 있다는 사실을 절감하게 된 거다. 더이상 설명할 수 없는 무턱대고 살아지는 삶이란 없고 이른바 사회운동을 한다는 것 때문에 그저 되는대로 일상을 채워 갈 수는 없는 일이다. 너를 낳고 전노협도 그만 두고 집에서 원고와 씨름하는 엄마의 행위에 대한 스스로의 해명, 그보다 엄마의 이제까지의 삶에 대한 총체적인 평가가 무엇보다도 절실하거니와 그 냉정한 평가 위에 엄마의 삶의 길목을 다시 잡아 나가지 않으면 안되는 것이다.

아름, 나의 사랑아!

　혼자서 옷을 벗고 더위와 실랑이하다가 이리뒤척 저리뒤척 온 방안을 헤매다가 어느새 너는 잠이 든다. 엄마 젖을 뗀지 삼일만에 의연히 살길을 개척하고 밤에도 젖 대신 물 몇 모금 마시고 다시 잠에 빠져드는 너는 그야말로 효녀다.
　이제 이제 몇 분만 있으면 네가 음력으로 이 세상에서 살아간지 꼭 한 해. 앞으로 열흘이면 세상에 나와 365일을 엄마와 살아간 한 돌 째 되는 날이다.
　오늘도 너는 무더위 속을 세 번의 목욕과 잠으로 씩씩하게 버티어 갔다. 하루종일 잠시도 가만히 있지 않는 너는 외할머니의 정성어린 손길에 엄마가 예전에 그랬듯이 맑은 웃음과 쉬임없는 호기심으로 너의 하루를 채우고 있다.
　하지만 엄마는 부끄럽게도 너의 건강한 하루에 반도 못 미치는 무기력한 날들이 계속된다. 엄마가 속이 좁은 탓일까. 살아온 내력으로 돌이키면 받아들이지 못할 것도 없을 것이지만 그러나 네 아빠의 외가, 친가 층층시하에 그 많은 친척들의 일에 일일이 신경이 가야 하고 서로의 삶을 제어하는 것이 말 그대로 일상사인 엄마의 시댁 전체, 너의 친가의 풍속과 사고방식을 엄마의 삶으로 그대로 받아들이기에는 아무래도 쉽지 않은 일, 무엇보다도 이러한 일상사로 엄마의 하루하루가 그저 물 흐르듯이 속절없이 지나가버리고 돌아보면 아무 한 일도 없이 나이가 먹어가는데 너무도 속이 상하고 그래서 더욱 예민해져가는 것 같다. 사람 사는 일이 그렇지 하고 그저 스쳐 지나갈 수 있는 일에도 신경이 곤두서서 하루종일 벅벅이기 일쑤고.

어제는 한길에서 아빠와 한바탕 소리를 높이고 급기야 너와 둘이서 뙤약볕을 걸어 집으로 돌아오면서 엄마는 정말 지겨웠다. 이렇게 집안사에 매여 엄마의 계획이 무참히 짓밟혀야 한다는 것이 정말 분하기도 해서 잠을 이룰 수가 없었다. 아빠는 그저 네 할머니가 안쓰러워 어쩔 줄 모르고 엄마가 무엇을 고민하는지 헤아리지를 못하는 듯. 이럴 때 어떻게 대처해야 할까. 아빠는 너무 낯설어서 일부러 다가가 살을 맞대도 소스라치고 엄마는 다시 심한 좌절감에 빠진다.

오직 너만이 너의 환한 웃음만이 엄마의 시름과 타성에 젖은 하루를 일깨우고 그래서 더없이 고마운 아름 나의 사랑아. 한때는 너를 가질 엄두도 못 낸 적이 있었는데, 너의 존재가 없었더라면 어땠을까. 엄마는 생각조차 하기 싫구나.

한 돌을 축하한다. 우리 소중한 아가에게 엄마의 삶을 정말 제대로 물려줘야 할 텐데 어떻게 하는 것이 가장 잘 물려주는 길일까. 언젠가 엄마가 '갈라진 땅 갈라진 나라는 물려받을 수 없어요'라는 시를 써서 네 외할아버지, 외할머니 세대에 문제를 제기한 적이 있다. 지금 보니까 언제 이런 걸 썼는지 분노로 달아오르는 가슴을 어쩌지 못해 날만 곤두선 말들이 선득하기도 하고 그러나 모처럼 젊은 엄마를 만나는 것 같아서 눈물이 다 난다. 어디 한번 들어볼래?

아버지

갈라진 땅 갈라진 나라는
물려받을 수 없어요

8·15까지 내달아 온 맨주먹 민족의 기개는
그대로가 노도이언만
마지막 항쟁을 통일로 이끌지 못해
곤죽인 채 누운 자리
외세는 닥치는 대로 동강내고 작살을 내고
그렇게 당해 온
파죽의 세월 40년
쌍심지는 단 한번 돋아도
천리를 끌어안는 법인데
한치 발길에도
식은 땀은 머리를 풀고
버티다 못해
쓰러진 역사
이어받으라고요
못합니다
물려받을 수 없어요

하려다간 엎어지고
일으키다간 주저앉는 한밤
패배의 역사는

절대로 물려받을 수 없어요

우리는 그렇게 배웠어요
그렇게 강요받았어요
갈라진 것이 우리나라
부러진 것이 우리 것이라
국민학교 때부터 우리 삶으로 알았어요
그런데 아니데요
아닐 뿐만 아니라
이만큼 자라도록
내 어린 아우들도
그런 엉터리 식민 교육에
갈라진 나라가
영원한 조국인 줄
꿈에도 부여안고
새나라의 어린 나래를
또 그렇게 펴 가고 있는 세상
이게 어디 우리 교육인가요
남의 세계 전략이지요
그들 강대국의 상투적인 지배 전략인데
그들의 속임수를
이어받으라니요
못합니다
어처구니없는 남의 장단에
또다시 놀아날 수 없어요

남의 논리 남의 가치
훼절당한 욕된 역사
이으라니요
용납할 수 없어요
　……

(「해방의 노래 통일의 노래」, 통일문제연구소 편. 1985년)

　　6년전 출판사다 노동운동이다 일주일을 꼬박 밤을 새도 끄떡도 없이 엄마는 사뭇 일에 몰두하곤 했는데 그 즈음의 설익은 듯한 통일 비나리 한자리가 지금 왜 이렇게 사무치는 걸까.
　　그래. 엄마는 물려받고 싶지 않은 게 무엇인지 분명했다. 너 역시 엄마에게 당당하게 문제를 제기해 올 것이요, 책임을 물어 올 것이다. 엄마가 물려받고 싶지 않았던 것을 너에게 이어받으라는 건 엄마의 무책임함이요, 무력함이다. 이 욕된 역사는 결코 너희 세대에 물려줄 수 없거니와 거기에 단순히 우리 집안의 문제가 아니라 여자로 하여금 끊임없이 절망과 좌절에 빠지게 하는 이 엄청난 가부장적 질서는 결코 대물림되어서는 안된다. 따라서 지금은 이렇게 엄마 스스로 둥지를 틀고 자기 속에 가라앉아서 얼굴이나 붉히고 있을 때가 아니다. 주저앉고 싶은 일상과 쉬지 않고 싸워 나가는 일부터 시작해야 하는 것이다.
　　아름, 엄마가 단 한순간도 게으르지 않도록 그러나 초조함이나 각박함이 아니라 오늘의 삶도 푸근히 끌어안는 넉넉한 엄마가 되도록 너의 환한 얼굴과 곤히 잠든 모습으로 일깨워 주지 않겠니? 나의 아가야.

네가 곁에 있다는 사실 하나만으로
네가 즐거운 웃음을 웃고

네가 가장 슬픈 울음을 울 줄 알고
들꽃처럼 수줍게 천진하게 꾸밈없이
있는 그대로 울 줄 알고 웃을 줄 알고
사랑할 줄 알고 즐거워할 줄 아는
네가 곁에 있다는 그 이유 하나만으로
너무 고맙고 가슴 겨움

고니새처럼 한겨울을 품안에서 지내다
한줌 봄볕에 비상의 나래를 펴고
저 북극 땅 냉혹한 한파 속으로
겁없이 뛰어들어도
초겨울 함박눈 속에
의연히 돌아와 푸근히 웃을
너는
엄마의 단비.
뿌리까지 적시며
끝내 일으켜 세우고야마는
세상의 가장 고귀한 선물

찌찌 잘잘

　야속해도 할 수 없다. 잘 생각해 봐. 넌 한 돌을 사흘 남긴 360일을 엄마 젖을 먹은 거다. 여섯 달째부터 이유식을 간간이 먹였지만 그러나 어김없이 너의 주식은 엄마 젖이었지. 그러나 이제 더이상 젖을 줄 수 없구나. 무엇보다도 이제는 엄마 젖에 영양가가 없어서 너의 바른 먹거리가 되지 않기 때문이다. 이제 돌이 다된 네가 튼튼하고 건강하게 자라려면 많은 영양소가 필요하단다. 그런데 엄마 젖은 8개월 정도에 이르면 그때부터 우선 양이 줄어들고 또 점점 묽어져서 너에게 필요한 영양을 공급해 줄 수가 없지. 이제 더 엄마 젖을 너의 주식으로 하면 너의 식욕도 떨어지고 체중도 감소하고 빈혈과 영양실조, 각종 전염병에 대한 저항력이 떨어진다고 하는구나.

　그리고 또 하나 중요한 이유는 네가 요즈음 웬일인지 아무 때고 젖을 달라고 보채고, 단 한 시간도 엄마를 떨어지려고 하지 않아서 일을 해야 하는 엄마로서는 여간 곤혹스러운 것이 아니란다. 잘 때도 젖을 먹는 게 아니라 장난만 치고 때로는 자다 깨서 한 시간도 넘게 몸부림을 쳐대니 엄마로서는 참으로 견디기가 힘들구나.

그래, 지금 너는 중대한 사태에 직면해 있단다. 그 동안 푸근하게 너를 감싸주던 엄마 품에서 이제 한 발 떨어져 홀로서기를 해야 하는 것이다. 더욱이 오줌똥을 가려야 하는 일까지 감당해야 하니 어린 너로서는 여간 어려운 삶의 고비가 아닌 게다. 가장 기본적인 먹는 일과 생리현상을 너 혼자 감당해야 하니 이제까지의 의존적 삶과 단절하고 독립적 인간으로서 사람의 모습을 갖추어 가야 하는 것이다.

엄마 역시 그 어려운 일을 이 더운 여름에 감당하게 해야 한다는 것이 여간 마음이 편칠 않다. 6개월 무렵 네가 단식투쟁을 할 때 조금 어렵더라도 젖을 떼었더라면 너에게 이런 고생을 시키지 않는 건데. 조금 있으면 환절기인데 혹시라도 네가 젖을 떼이고 먹지 않으면 몸이 축나서 어쩔까. 안 그래도 할머니랑 집안 어른들은 여름에 젖을 떼는 게 아니라고 한사코 말리시는데 그러나 아름아, 중대 결심을 하지 않는다면 영 버릇이 들어버려서 세 살, 네 살까지 젖을 놓지 못한다고 애 키우는 엄마들은 하나같이 거들어 대니 걱정스럽기 짝이 없고, 그래서 결국 아빠와 상의를 해서 안됐지만 세 식구가 함께 고비를 넘겨보기로 마음을 굳혔구나.

절대로 엄마 젖에 빨간 약을 바른다거나 쓴 마이신 약을 바른다거나 하는 폭력적 방법을 쓰지는 않을게. 맛있는 죽과 간식을 만들어서 정성껏 네게 먹인다면 배가 불러서 엄마 젖을 많이 찾지 않겠지. 우리 아름이는 혼자 밥을 먹을 줄 아니까 젖도 금방 뗄 걸로 믿는다. 아침에 일어나자마자 엄마가 엄마 찌찌 이제 그만 먹자 하니, 앞으로를 어떻게 견딜 줄 모르겠지만 서슴없이 '찌찌 잘잘.' 그리고 곰돌이 책을 펴 드는 아름, 정말 착하구나.

가로막힌 철조망

확하니 메다꽂고 싶은 밤이다.
 사립문도 없는데 와삭와삭 쏴쏴 덜컥, 금방이라도 들이닥칠까 온몸의 핏대가 있는 대로 곤두서 어둠 떨치고 일어나니 달빛이 배부른 놈의 기름기 흐르는 얼굴처럼 넉살좋게 비웃고 있다.
 낯설다고 밤낮을 가리지 않고 울어대더니 맥풀려 잠이 든 너. 물끄러미 쳐다보다간 또다시 치밀어 오르는 분노를 채 삭이지 못하고 엄마는 창문이라도 화들짝 열어제치고 냅다 고함지르고 싶은 충동에 발을 구른다. 그러나 또다시 밑도 끝도 없는 도망 길을 나선 몸, 어디 맘놓고 큰소리 한번 낼 수 있으랴. 꼭 이년 팔 개월만의 어이없는 수배길, 이 땅의 진짜 주인인 노동자를 비롯한 민중들이 마침내 맞고야 말 해방통일의 그날을 위해 모든 반민중적 반민족 상황과 맞서 온 역정을 또다시 훼절시키려는 권력의 탄압은 이리도 간교하고 집요해 이제 아무 것도 모르는 어린 너의 평온까지 무참히 짓밟아 놓는구나. 뱃속에서부터 최루탄을 맞고 치열한 생존 투쟁 끝에 가까스로 세상에 나왔는데 이제 엄마 아빠의 밤낮없이 치대는 삶 속에 너 또한 구속당할 수밖에 없는 지경을 어떻게 설명해야 할까?

아니 그보다 다들 붙들려 가고 내 속에서부터 일어난 반란에 몸조차 가누기 힘든 이 걷잡을 수 없는 내란을 이제 어떻게 돌파해야 할까? 답답한 가슴 저 밑두리에서부터 바다가 우는 소리, 와르르 와르르 무너지는 소리가 들린다. 저 시커먼 어둠을 물개(파도), 그리 가차없이 때려대더니 마침내 이글이글 용광로로 온 세상을 녹일 듯 태양은 끓어오르고, 그곳 하늘과 물이 맞닿는 태초의 까마득한 평원 같은 물의 나라가 가이없이 열리는구나. 달려가고 싶다. 단숨에 물살 가르며 나아가고 싶다. 지평선도 없는 좁은 땅덩이. 등때기조차 편히 데일 곳 없는 이 빌어먹을 나라에서 이미 거덜이 날 대로 난 살림을 어떻게든 챙겨 보자고 안간힘 써 온 게 아닌데. 이루는 꿈이 있었는데. 맨주먹이라도 나서면, 쌍심지 밝히고 붙들면 아롱지던 꿈이 있었는데. 박살이 났구나.

산이 산으로 이어지고 강이 바다로 잠기는 이곳, 끊임없이 쉬지 않고 역사가 저 파란의 바다처럼 굽이치고 있음을 부릅뜬 눈으로 확인할 수 있다면 다시 일어설 수 있을지 몰라. 아! 그러나 저 아득한 수면으로 내닫기도 전 또다시 막아서는 철조망! 갈라진 아픔에 사무쳐 우는 그리운 가슴, 그렇게 막아선들 결코 녹슬 수 없는 원혼들이 저리도 사납게 파도치건만 단 한 걸음도 나아감을 허락치 않는 거대한 분단이여!

91년 아름이의 첫돌을 맞기 이틀 전, 86년 노동운동 관련으로 수배되었을 당시 연루되었던 동료들이 노동운동 관계 조직 사건으로 모두 검거되자, 우리 부부는 직접적 관련이 없음에도 불구, 귀에 걸면 귀걸이 코에 걸면 코걸이 격이라 공안당국과의 오랜 악연으로 다시 수배길에 올라야 했다. 아름 아빠는 공개된 노동운동 단체의 대표로 공공연히 일을 하고 있고 글쓴이는 집에서 번역과 원고를 쓰며 새로운 시작을 준비하고 있었던 터에 난데없이 국가보안법의 오라를 받을 위기에 처한 것이다.

막상 짐을 싸 들고나서긴 했는데 한돌박이를 데리고 갈 곳은 마땅치 않고 겨우 고모님 댁에 예고도 없이 세 식구가 들이닥쳤다. 이제 막 혼자 힘으로 새집을 장만하신 고모님은 조카딸의 계속되는 고생에 차마 말을 못 이으시고 한데서 맞는 손주딸의 첫돌을 가만 두고 보실 수 없는 듯 온갖 정성으로 돌상을 마련, 우리 부부의 눈시울을 붉게 하셨다. 아름이의 돌잔치를 겨우 치르고 그곳에 더 머물기에는 위험하기 짝이 없는 터. 다시 정처 없이 길을 떠나니 머문 곳은 더이상 발길을 옮기려야 옮길 수 없는 동해안의 군사분계선 밑. 밤새도록 파도 소리가 철퍼덕철퍼덕 지친 가슴을 때리던 어느 허름한 여관방, 아이는 또 잠들지 못하고. 보채는 아이를 보듬고 창가를 서성이며 분함을 삭이자니 제풀에 지친 아이는 저도 몰래 나도 몰래 팔뚝에 늘어지고. 아이 옆에 겨우 눈을 붙이고 한숨 청하려 하니 철지난 바닷가의 와삭이는 바람소리가 소스라치게 문을 박차고 들이닥치는데 갈 때 가더라도 저 엄청난 반란의 파도 속으로 첨벙 뛰어들며 냅다 소리라도 지르면 가슴이 후련하겠건만 채 달리기도 전에 앞을 가로막는 녹슨 철조망, 분단의 사슬은 여지없이 온몸을 칭칭 조여 오는 것이었다.

한달 여의 고된 여정 끝에 더 머물 곳도 없고 잡아갈 테면 잡아가라는 심정으로 집으로 돌아오니 아무 일도 없었던 듯 세월은 또 흐르고 그때 잡혀간 동료들이 하나둘쯤 제자리로 돌아올 즈음 동구사회주의권은 연이어 몰락하고 역사의 진보 지향을 향해 새롯이 피어나던 인간의 꿈은 박살이 났지만 그러나 결코 꺾일 수 없는 꿈에 어려 다들 떠난 자리 박차지 않고 거듭나기로 오늘에 이르고 있다.

여기도 우리 집이야

참 지독히도 울어대는구나.
탱자나무 울타리 뒤에서 남몰래 눈물을 삼키며 헤어짐을 아쉬워하는 동무 하나 아직 생기지 않아서 그런 거니?
그래, 네 의사와는 전혀 무관하게 오직 엄마의 판단에 의해서 아빠와 한참을 씨름한 끝에 이 먼 곳까지 도망치듯 자리잡기로 했다. 엄마는 조용히 앞으로 어떻게 살아가야 할 것인지 정말로 고민할 시간이 필요했고 그래서 주변 환경의 구애를 최대한 안 받고 싶었다. 무엇보다도 엄마가 정말 앞으로 무엇을 하며 어떻게 살아가야 할지가 막막하고 그래서 그야말로 면벽의 시간이 필요했던 거다. 늘 쫓기는 엄마로 네게 남아 있는 것도 더이상 못할 짓이고 엄마는 정말 이제까지의 자신을 정리할 시간과 앞으로 살아갈 계획을 세우지 않으면 안되는 것이다. 우리 세 식구 모두 어려운 일이라는 건 잘 안다. 황량한 거리, 낯선 이 곳이 엄마도 영 정이 붙질 않아 밤마다 잠을 설친다.
하지만 딸아!
어쩌면 그렇게도 울어대는 거냐? 현관문 앞에 가서 '가! 가!' 소리를 지르며 한밤중에 우리 집에 가자고 옷춤을 잡아당기며 울어댈 때마다 너를 붙들고 엄마는 혼이 다 빠져서 기진맥진이다. 결국 네 소지품을 하나하나 확인시켜 주고 네 사진첩을 꺼내 들고 이것저것 갓났을 때 사진을 보여주며 얼마나 네가 예뻤나를 이야기해 주고 곰돌이책을 대여섯 권 읽어 주고 '이슬비 내리는 이른 아침에' 노래를 수십 번도 더 불러 줘야 마음이 놓이는 듯 눈이 감기기 시작하는 너를 업고 없는 기찻길 타령을 한참하고 요 위에 눕히고 나면 엄마는 정말 큰 일을 치른 듯 안도의 한숨을 내쉰다. 그리고 털썩 주저앉아 잠도 오지 않는 밤을 그저 상념에 싸여 지새운 지 며칠째.

지금은 새로 세 시. 네가 잠든 지 꼭 한 시간이 지났다. 마루에 나와 휘장을 여니 이제 막 심어 앙상한 소나무 사이로 삭풍이 몰아치는 듯, 어둠 속에서도 희뿌연 시멘트 먼지가 사정없이 바람벽을 때리며 회오리쳐 간다. 마치 네 발길질처럼 엄마 가슴을 턱턱 내리치는구나. 이렇듯 너를 가슴아프게 하며 엄마가 하고 싶은 일은 무얼까. 정말 그것이 이 역사의 발전에 조금이라도 보탬이 되는 걸까. 물거품처럼 사라져도 좋다. 그렇게 사는가 싶게 피고 지는 게 정말 소원이라면, 엄마가 너를 밤마다 그렇게 섧도록 울리면서라도 정신 바짝 차리고 지금 당장 해야 할 일은 무엇일까.

허세일까. 정말 모르겠구나. 왜 엄마가 여기까지 도망쳐 와야 했는지 무엇이 그렇게 엄마를 못 견디게 하는 것인지. 정말 사무치게 그리운 것이 있으면서도 정작 다가서면 헛 것을 본 양 맥을 놓다가 시간이 흐르면 또다시 환영처럼 너울대는 그것에 하염없이 쏠리어 간다.

아름!

지금 엄마가 할 수 있는 말은 이것밖에 없다. 기다려 주렴. 엄마가 결코 헛되게 시간을 보내지는 않을게. 네 뜻과는 전혀 무관하게 놓여진

이 자리에 낯설겠지만 네가 헤쳐 나가야 할 현실로 놓고 부딪혀 가렴. 얼마가 될지 모르지만 지금은 여기가 우리가 오늘을 살아가야 할 삶의 둥지란다. 그 곳이 썩어지기 전에 딱딱 부리질로 부술 수 있는, 정녕 삶에 안주하지 않는 장수매처럼 단단한 부리가 생길 때까지 오늘은 우리 인내하자꾸나.

또 새해다

또 새해다. 이 해는 내게 또 어떤 의미일까. 서른 다섯. 이 때쯤이면 일단의 꿈이 이루어질 거라고 장담하던 시절이 있었지. 모두들 무얼 할까.

소시민들에게조차 답답하게만 여겨지고, 내 부모, 내 혈육들도 잘못 살았다고 한다. 그는 우리의 삼십 고비에 그처럼 악착같이 지키고자 했던 것들이 이처럼 어이없게 무너져 버린 지난 한 해를 있는 그대로 되짚어 보고 어떻게 다시 시작할 것인가를 고민하는 마음조차 헤아리지 못한 채 가족주의의 칡나풀을 스스로 칭칭 감으며 문을 닫았다. 이렇게 두터운 장벽이 의미하는 건 무얼까.

서로를 헤아릴 수 없다는 건 가슴아픈 일이다. 벼랑 끝에서 오히려 넉넉할 수 없는 건 아직 버리지 못한 터럭들이 남은 까닭이다. 그러나 더이상 구걸도 호소도 하지 않으련다.

참으로 오랜 시간 내던져진 채 살았구나. 모두들 살아온 만큼의 내력이 있기에 스스로를 변혁하기엔 자기 둥지를 너무 깊게 판 거다.

내 삶의 둥지. 까부수기엔 이미 부리조차 거덜이 난. 따악따악 부리질 소리를 남의 둥지를 향해 사정없이 내지른 적이 있었다. 그리고 내 삶의 뿌리를 새롭게 내리겠노라고 황토흙, 공해투성이 공단을 헤매고 다녔지.

스물 아홉의 참담한 패배 앞에 몸서리치던 밤. 그리고 6년이 지난 지금 더 엄청난 절망 앞에서 이제 생활고에 찌든 지친 아낙의 한숨으로 또 한 고비를 넘으려 한다.

아이가 자라고 있다. 그에게 엄마는 어떤 존재일까. 이제 환갑의 내 어머니. 갈가리 뜯기운 채 외들어진 열 손가락. 마디마디 맺힌 분노에 대하여, 사랑에 대하여. 그 되돌릴 수 없는 손가락의 기형, 간절한 바람을 내 마지막 적으로 삼기엔 이 서른 다섯 살의 삶이 너무나도 보잘 것이 없구나.

가야지. 떠나야지. 머무름의 게으름부터 부리질이다.

스스로에게 냉혹해질 것. 철저히 외로워질 것. 새해는 내게 더이상 어떠한 패배도 절박감도 허락하지 않을 것이다.

(92년 새해 첫 새벽에)

언니가 꼬 했어

아름, 잠들었구나. 자정이 넘도록 바쁘게 뛰어다니더니, '엄마 손잡고 코 짜자' 선뜻 다가와 방문 닫고, 불끄고 엄마 안경 뺐는지 확인하고, 한 손 빨고 한 손 찌찌 만지고.

"아가야 나오너라 다마지가자.
 앵두 따다 입에 무고, 모에다 거고,
 엄둥기야 너도 가자 내까로 가자."

너 홀로 자장가를 부르다 매일 새롭게 자라기 위한 너의 밤이 오늘 그렇게 닻을 내리는 거다.
눈치챘을지 모르지만 사실 엄마는 너에게 고백할 것이 있구나. 그래서 곤히 잠든 내 꿈속의 강물에 가랑잎배를 띄워 보낸다.
오늘 넌 엄마의 시험 공부를 위해 가기 싫은 놀이방에 보내졌다. 네 시간만에 만난 너는 눈자위가 손톱 자국으로 엉망인 채 '언니가 꼬 했어' 하며 자못 억울한 표정이더구나. 선생님은 "아름이가 얼굴을 많이 할퀴어서 왔더군요."

놀이방에 오기 전부터 그랬다는 듯이 걱정스럽게 배웅을 했었다. 밝은 햇빛에 나와 네 얼굴을 한 번 더 확인하고 다시 문을 두드려 아침에 데려올 땐 안 그랬는데 애들하고 싸우지 않았냐고 선생님에게 정색을 하면서 엄마는 속이 많이 상했다. 놀이터를 그냥 지나칠 리 없는 너를 모래 더미 위에 내려놓으니, 언제 그랬냐는 듯이 모래 퍼 나르기에 열심인 너. 엄마는 몇 번이고 '누가 그랬니?' 정신없는 너를 흔들어 대고 그때마다 '언니가 꼬 했어' 대답하곤 쏜살같이 그네로 미끄럼으로 뛰어다니는 너를 행여 다칠 새라 쫓아다니며 엄마는 가라앉지 않는 마음을 어쩔 줄 몰랐다. 모래를 뒤집어쓰고도 쉬임없이 모래를 날라대는 네 손끝이 빨라질수록 엄마는 '언니가 꼬 했어' 하던 너의 호소와 엄마 탓으로 돌리려 했던 놀이방 선생의 무책임함과 거짓말에 꽁꽁 묶이고, 급기야 종종걸음으로 싫다는 너를 억지로 안아 들고 집으로 돌아와 목욕시키고 네 늦은 낮잠을 부추겼다.

피곤한 지 5분도 안돼서 잠이 드는 너를 바라보며 할퀸 상처를 어루만지다 영어 단어 속을 낯설게 허둥댄다. 결국 엄마는 놀이방에 전화를 걸어 선생님의 무책임함을 따졌고, 죄송하다는 말을 듣고서야 정신을 가다듬었지.

두 시간 여의 엄마의 항쟁. 전화를 끊고 나니 엄마는 갑자기 맥이 쭉 빠졌다. 엄마가 소스라친 건 과연 무엇이었을까? 귀한 딸을 믿고 맡겼는데 그렇게 거짓말이나 하는 사람이었다니, 어찌됐거나 네가 작은 사회지만 첫발을 내딛고 그 곳에서 처음 만난 사람, 더구나 선생이란 존재가 그런 류의 사람이었다는 사실에 가슴이 아팠던 건 사실이다. 피가 엉긴 손톱 자국보다 마음의 상처가 더욱 패였을까 엄마는 그처럼 조바심을 쳤었나 보다. 도대체 감히 누가 우리 딸을! 엄마조차 손닿아 감싸

안을 수 없는 이름 모를 패배감이 엄마를 그토록 안타깝게 했던 것이지.

그러나 정작 엄마가 가슴을 친 건 그것이 아니었다. 어느새 나도 이처럼 작은 일에만 분개하는, 내 가족 내 일상의 문제에만 무게를 두는 소시민으로 전락해버린 걸까?

부끄럽구나, 아가.

엄마로서 아내로서의 삶이 엄청난 무게인 것은 사실이다. 이제 서른 다섯 중년에 접어든 나이에 무엇을 다시 시작한다는 게 참으로 힘겹다고들 한다. 엄마는 너를 낳고 이태가 되도록 그 이전의 삶과 단절을 해왔다. 그리고 앞으로의 삶, 이제는 일생을 살아야 하는데 그 첫발떼기를 어떻게 해야 할지 그것에 사로잡혀 매일매일의 일상을 곤혹스럽게 지어 왔다. 가끔씩 흐려지는 엄마의 눈빛으로 너는 이미 알아 차렸을지도 모르지.

그러나 그 길 찾기 또한 타성에 젖고, 오히려 버렸던 기득권 찾는 일—엄마는 항상 단지 그것을 찾는 것이 목적이 아니라 수단의 차원에서 이를 합리화하고 있었던 것인지도 모른다—에 몰두하다 보니 이처럼 썩어빠진 일상을 파리하게 지키고 있는 게 아닐까?

아름,

매일 마주하는 엄마는 너에게 어떤 존재일까? 앞으로 삶의 구비구비마다 수없이 꼬집히고, 때로는 더 큰 어려움도 닥쳐올텐데, 그 때마다 네 곁에서 지켜 줄 수도 없고, 벌써 시작된 너의 세상살이에 엄마는 가슴부터 조여드는구나. 그러나 아가! 이것이 삶인 것이다. 살아가는 동안 수없이 멍이 들고 피가 나고, 가슴이 터지고 목구멍에서는 쇳내가 나고. 그러나 그 어떤 어려움에도 너는 들풀처럼 다시 일어나야 한다. 씩씩하게 곤경을 박차고 헤쳐 나가야 한다.

엄마 또한 인생을 먼저 살아간 선배로서, 네가 인간다운 삶을 살아나갈 수 있도록 너의 길목을 다잡아 주는 길눈이가 되도록 힘을 낼 것이다.

　그러나 엄마는 아직도 스스로의 삶에 대해 준열하지 못한 채 나태함과 비겁함에서 헤매이고 있구나. 엄마가 이 한심한 지경에서 얼른 벗어날 수 있도록 기운차게 웃어 주지 않겠니? 아가!

　(1992년 두 번째 어린이날을 맞으며)

엄마의 첫발 떼기(이인경 그림, 캠퍼스에 유화, 24×30.5cm)

엄마의 첫발 떼기

　새벽 6시.
　아직은 채 날이 다 밝지 않은 희미한 어둠 속. 곤히 잠든 네 이마와 뺨에 몇 번씩 뽀뽀를 하고 길을 나선다. 버스에 몸을 싣고 동녘이 뿌옇게 밝아 오는 것을 눈부시게 바라보는 것도 잠시 영어 단어장을 펼치면서 엄마는 전혀 낯선 세계로 빠져들어 간다.
　지금은 남의 학교 도서관. 다행히 창가에 자리를 잡고 이제끔 칭얼거리며 엄마 대신 아빠 품속으로 찾아들 너를 떠올린다.
　오월의 바람이 싱그럽구나. 어제 내린 비로 풀내음이 상큼하게 코끝에 와 닿고 파란 하늘엔 네가 좋아하는 하얀 구름이 가득 떠 있다. 벌써 며칠째 네 잠자는 얼굴만 만날 뿐 고운 웃음도 당찬 울음소리도 아득하다. 저녁 무렵이면 엄마한테 간다고 외할머니, 이모 손을 이끌고 온 동리를 돌아다니고 밤이면 문소리만 나도 엄마다 소리치며 현관으로 달려간다고 한 시간이라도 일찍 들어와 얼굴이라도 보여주라고 식구들은 성화다만 이제 열흘 남짓 코앞에 닥친 시험에 목이 매여 정신없이 빠져 있다가 놀라 시계를 보면 어느덧 열 시가 훌쩍 넘어 있다.

캄캄한 학교 길을 맥이 빠진 채 터덜터덜 걷다간 문득 네가 기다릴 생각에 버스 정류장까지 한 달음에 내닫고 자리를 잡으면 또 단어장을 펼치고 언덕길을 오르면 그제야 조금 일찍 서둘러 나오지 못한 것을 후회하며 조바심을 친다. 외할머니 품속에서 손가락을 빨다 잠든 네 눈가엔 선연한 눈물자욱. 엄마는 차마 안아 들지 못하고 불을 끈다.

아름,

오늘만큼은 네 토라진 얼굴에 가슴이 서늘해져도 모녀 상봉을 했으면 좋겠구나. 늘 엄마를 설명하려고 노력했는데. 엄마가 없는 너의 하루를 떠올릴 때마다 저려 오는 가슴을 어떻게 전할 길이 없다. 어떤 이유도 여유도 허락되지 않는 새로운 시작 앞에 정말 냉혹해야 한다는 것밖엔. 왜 이런 결정을 내릴 수밖에 없었는지 낱낱이 이야기해 주고 싶다. 누구보다도 엄마의 이 년 세월을 꼼짝없이 지켜보아 주었던 너. 수없이 잦아들기만 하던 그 숱한 시간을 너는 너그럽게 참아 주기도 했지만 무력함에 뒹굴고 있는 엄마를 느닷없이 일깨우고 일으키는 가장 무서운 채찍이었지.

도망가고 싶었다. 지겹게 따라붙는 일상의 그늘 속에서 생활에 목이 차 다람쥐처럼 뱅뱅 돌다간 불현듯 새벽길 따라 엄마의 세상으로 달려가고 싶었다. 그 곳이 어떤 세상이냐고.

지금은 잘 설명할 수가 없다. 그 때는 그저 몰두하고 싶다는 욕망뿐이었다. 아무에게도 그 무엇에도 방해받지 않고 엄마가 못 다한 일, 하고 싶은 일, 오로지 그것에 매달려 사는가 싶게 살고 싶었다. 그러나 그게 얼마나 무책임하고 대책 없는 노릇인지를 너는 때로는 선잠으로 때로는 감기 몸살로 때로는 영문을 알 수 없는 긴 통곡으로 일깨워 주곤 했었다. 엄마가 새롭게 시작하기 위해 무엇이 필요하다는 것을 어떤 준비가 있어야 한다는 것을 조금씩 깨닫기 시작했을 때, 지난 시간들이 마른 나뭇잎처럼 바스라지며 눈앞에서 흩어져가는 참담함에 또 몸서리쳐야 했다. 그러나 그 속에서 오직 현실로서 살아온 내 삶의 흔적으로서 굳게 자리를 지켜 준 너.

아름,

그래. 엄마는 이제 다시 시작하는 거다. 지난날 엄마는 오직 힘을 쏟으면 언젠가 사람이 사람답게 사는 세상이 오리라며 지칠 줄 모르고 뛰어다녔다. 그러나 어느 한 순간, 너를 기다리며 산전 휴가를 받아 집에서 쉬던 때였던 것 같다. 며칠간은 그 동안 집안 일에 묻혀 지내고 너를 맞을 준비에 몰두하다 문득 정신을 차리고 보니 엄마가 그 동안 굳게 서 있던 발판이 속절없이 무너져내리는 엄청난 파란을 만나야 했다. 너를 낳은 기쁨도 잠시 엄마는 다시 일터로 돌아가지 못했다. 그것이 단지 너라는 계기를 통해 쉬고 싶다든가 지금까지 일을 해 온 것에 대한 권태라든가 그런 것과는 전혀 다른 성질, 이를테면 무력감이었다고 해야 할 것이다. 엄마가 이 세상을 바꿔야 한다며 몸부림쳐 온 그 시간들, 그러나 그 긴 세월 동안 정작 아무것도 이루어 놓은 것이 없다는 자책과 자괴감, 다시 돌아가 타성에 젖어 바삐 뛰어다니다 보면 또 나이를 먹고 변화시키려고 했던 것은 천혀 미동도 않는데 내 자신은 어느새 그 상황을 합리화하며 어떤 권위 위에 서고자 하는 그것 자체가 또다른 관료를 낳는 그런 가식적 삶에 익숙해져 가고 그러다 나의 삶의 존재 방식에 근거해 역사를 재단하고 전진을 호도 하는 또다른 반역을 행할 지도 모를 일이었다. 아니 더 솔직히 말하자면 엄마는 운동을 가장한 계층 상승의 욕구들 앞에 엄마의 삶의 근거가 속절없이 무너지는 꼴을 수없이 목도하면서 더이상 혼자 힘으로는 그 엄청난 타락과 맞설 수 없을 것 같은 무력감, 그러다 언젠가 나 자신이 그 곳에 전혀 속절없이 묻혀버릴 것 같은 범죄의식이 엄습해왔다는 것이 더 맞는 말일 것이다. 역사적 진실이란 무엇인가. 인간의 창조적 노동, 혁명적 순결, 가장 아름다운 인간행위로서의 정치에 대해 엄마는 진저리치기 시작했던 것이다. 따라서 이것이 잘못된 운동 풍토의 문제인지 엄마의 문제인지 스스로 밝히지 않으면 안되었다. 아직 결론을 내리지는 못했다. 엄마의 그 동안의 활동과 삶에 대한 어떤 정치적 평가가 내려진 적도 없고 평가 단위조차 없다. 그저 엄마가 스스로 버티며 민중의 역사 그 거센 구비에 몸을 던져 확인해야 하는 일만이 남아 있는 것이다. 그래서 엄마의 이 년간의 자기와의 싸움은 결국 어떻게 다시 시작할 것인가로 결론이 모아졌다. 엄마의 철학, 세계관, 역사관을 바로 세우고 삶의 지반을 군건히 하여 이제 홀로 거친 역사 앞에 나서 그 속에 여울지기 위한 진짜 한 판 싸움을 시작해야 하는 것이다.

    그 길찾기의 하나가 지속적으로 엄마가 사고할 수 있고 일할 수 있는 공간과 시간을 확보하는 것이었다. 지금까지 너도 보아 왔겠지만 가정을 꾸리고 산다는 것은 더구나 여자가 살아갈 목표를 분명히 하면서 살아가고자 할진대는 이 사회는 그것을 족쇄처럼 발을 조이고 따라서 스스로 끊어낼 수 있는 자기 조건을 확보하지 않으면 그대로가 죽음인 것이다. 따라서 엄마는 이 싸움의 시작을 독자적인 시공간 확보에 걸지 않을 수 없다. 그리하여 학교로 돌아가기로 한 것이다. 기득권, 계층 상승욕구. 단칼에 자르고 성큼성큼 돌아서 왔던 그 길목에 다시 잡아들기로 한 것이다. 그 어떤 오해나 음해가 지금 엄마에게 무슨 소용이겠니? 뒤돌아보지 않으려 한다. 십 년만의 학교 공부, 그것도 시험을 위한 공부가 엄마를 얼마나 옭아매는 가는 말할 필요가 없다. 그러나 이 긴 굴 속을 빠져나가지 않으면 정말 아무 것도 할 수가 없을 것 같다.

    아름.

    엄마는 붓을 잡고 싶단다. 거침없이 이 세상의 모든 비인간적이고 반민중적인 것들과 언제 어느 때라도 서슴없이 맞붙고 싶다. 그리고 정말 인간다운 것, 사람답게 살고자 하는 몸부림, 아름다운 삶의 내력들, 그리하여 거기에 가장 아름답게 아롱지는 바람, 그것을 빚어내고 싶다. 그러기 위해 엄마는 많은 준비가 필요하다. 서른 다섯의 나이에 새로운 시작을 위한 준비.

아름,

기다려주겠니? 엄마의 새로운 시작. 서른 다섯의 첫발 떼기를 네 그 환한 웃음으로 부추겨 주겠니?

맨 첫발
딱 한 발 떼기에 목숨을 걸어라
목숨을 아니 걸면 천하 없는 춤꾼이라 해도
중심이 안 잡히나니
그 한 발 떼기에 온몸의 무게를 실어라
…「묏비나리, 백기완」

오늘밤 가뭄 끝에 단비처럼 너를 만나면 요즈음 엄마의 몸짓을 가다듬게 하는 네 외할아버지의 시 한 구절을 너에게 되뇌여주고 싶다. 네가 크면 세상에 나서는 첫발 떼기를 어떻게 할까. 이 다음에 네가 사람이 진짜 어떻게 살아가야 하는가를 고민하는 날이 오면 보다 많이 이야기를 나누자꾸나. 졸립더라도 조금만 참고 기다려 주렴, 착한 엄마 딸 아름아!

칠갑산 청결미

　결혼한 지 삼 년 하고도 석 달. 두 돌이 다가온 너의 손목 잡고 쌀가게 앞에서 망설이다 쌀집 아저씨와 이랬다 저랬다 실갱이 끝에 봉지쌀이 아닌 난생 처음 20㎏ 농협 쌀부대 칠갑산 청결미를 덥석 들여놓기로 배달 부탁하고 돌아오는 길이 비가 올 듯 어두워지고 있는 한낮.
　내년이 환갑인 네 외할머니께서는 하루에도 두 세 번씩 전화로, "살기가 얼마나 힘든 줄 아니? 애까지 놓고 어쩔 셈이냐? 너희 생각하면 밤에 잠이 안 온다. 해야 할 공부는 있지, 애는 안 떨어지지 먹고는 살아야지. 너희 네 남매 키우면서 제대로 다리 펴고 자본 적 없다. 이왕 이렇게 된 거 죽기 살기로 해야 한다. 마지막이라 생각하고 이를 악물어야 해, 네 나이 벌써 서른 다섯이야. 엄마말 들었으면 이렇게 고생은 안하지."
　젊은 날부터 이 날 입 때까지 숨이 턱에 차서 천신만고로 헤쳐 온 일생이 기가막혀서 그런 숨가쁜 세월만을 딸자식한테만은 물려주고 싶지 않았는데, 차마 앞이 뻔히 보이는 혼인, 반대는 못하시고 애끓는 심정으로 가슴만 치셨다고.

　말장수 할아버지의 늙은 목덜미로 저녁 햇살이 기울 때쯤 작은 트럭에 실려온 칠갑산 청결미.

　작은 쌀독에 가득 채우고 플라스틱 양동이에 잔뜩 채우고도 아직 종이 쌀부대에 반나마 그득한 그것을 행여 흐칠 새라 커다란 비닐에 꽁꽁 묶는다. 아침마다 라면 봉지에 쌀을 담아 날라다 겨우 점심거리를 해결한다는 연구소 직원들. 난생 처음 산 20㎏ 쌀부대를 꼭꼭 감싼다. 기름진 이밥에 고기국 먹는 나라, 민중의 나라를 세우겠다고 밤낮으로 뛰어다니는 젊은 그들의 허기진 배를 몇 끼나마 채워주랴만 내 손으로 벌어서 난생 처음 사본 거대한 쌀부대의 허리를 동인다.

어느 날들

1.

매일처럼 쌓이는 삶의 흔적들.

먹고 사는 일이 전쟁임을 겹도록 절감하면서도 언뜻 달겨들지는 못한다.

밤새 치운다고 치워도 저처럼 쌓이는 일상의 조각들은 칭칭 감겨 오지만 오늘은 태풍에 씻긴 맑은 가을하늘처럼 밥상머리에 앉아 글을 적는다.

말을 탄 아이는 어디로 떠나고 있을까.

늘 비상인 남편의 뒷모습에는 언제쯤인가 차표도 끊지 않고 달려가 앉은 대전행 기차 위의 오늘의 싸움을 골몰하던 나는 존재하지 않는다.

참을 수 없는 건 무얼까. 쫓기는 일상. 끝을 맺지 못하는 글줄. 잠들지 못하는 아이의 한숨소리. 스스로 차단한 관계, 관계들.

아내들이 겪는 빈 하늘같은 하루들을 똑같이 겪으며 존재가 규정해 주는 감상적 의식의 범주에서 벗어나지 못하는 게 당연하겠지.

MBC노조가 파업 20여 일을 넘기고 대통령 선거가 목에 파도 물결처럼 스쳐 가고.

아이가 다치지 않을까. 잘못되지 않을까. 무얼 먹일까. 남편이 일찍 올까. 옷을 다려 놓을까. 빨래는 어떻게 해야 깨끗해지나. 부엌 대청소를 해야 할텐데. 무슨 국을 끓일까. 번역을 빨리 해치우는 방법은 없을까. 은행에 몇 달씩 밀린 부금을 또 어떻게 갚나. 밀린 공과금은. 머리 속엔 온통 잡다한 일상사로 가득 차 있는데.

새로이 창작을 꿈꾼다는 게 가능한가.

2.

외세처럼 닥쳐온 테드란 이름의 태풍. 비바람 속을 헤치며 일상을 빠져나가 아이와 큰 백화점에 서서 초 한 자루와 책 두 권을 사든다. 돌아오는 길가에 나무며 코스모스가 흠뻑 비에 젖어 졸음 가득한 아이의 눈 속을 파고든다. 스물네 시간의 단전, 그 때의 암흑을 초 한 자루로 버티며 아이와 무슨 이야기를 나눌까.

몸만 빠져 나와 덩그렇게 널부러진 잠자리. 산더미처럼 쌓인 그릇. 빨래들. 어지럼 속을 어지르며 뽀뽀뽀에 빠져 있는 아이의 집중력에서 한풀 헤쳐 나와 원고지 대신 컴퓨터를 켜고 깜박이는 모니터의 커서를 눈 껌벅이며 바라만 보다.

세시간의 이별

　어쩜 꼬박 세 시간을 엄마가 그렇게 목이 터져라 불러대고 찾아 헤매도 머리카락 하나 움칠하지 않더니 뒤뚱거리며 아직 잘 걷지도 못하는 걸음에 수채구녕을 뒤지다 왔는지 연탄광에 뒹굴렀던지 온통 깜둥이 사촌이 되어서 입을 헤벌리며 문 앞에 버텨선 너.
　얼마나 속이 타고 애가 탔던지 '아름!' 괴성을 지르며 정신없이 궁둥이를 한 차례 때리니 잘못한지는 아는지 울지도 않고 입을 벌리고 헤 하며 두 손을 내민다. 그 치밀던 화는 뒷전이고 탄광 갱에 묻혔다가 구사일생으로 살아 돌아온 양, 부둥켜 안고 눈물을 왈칵 쏟아내니 또다시 어리둥절 '엄마 엄마' 영문도 모른 채 너도 덩달아 울고. 한참을 그렇게 모녀 상봉을 한 뒤 목욕탕에 들여놓고 옷을 벗기고 물 한 대야를 데워서 씻기기 시작하는데 도대체 어디서 무엇을 만지고 놀았는지 아무리 씻기고 씻겨도 벗겨지지 않는 검은 때. 또 한 차례 고함이 터져나올 것 같은 것을 겨우 참으며 고사리 같은 두 손에 비누질을 하는데 불현듯 십여 년전 꼭 이렇게 때가 꼬질꼬질한 작은 손을 더운 물 한 양동이를 다 써가며 씻어주던 생각이 나서 알아듣는지 못 알아듣는지 너에게 그 시절 얘기를 주섬주섬 섬겨 댄다.

　엄마가 대학 새내기 1학년 겨울방학 때였지. 교외동아리에서 농촌활동을 가게 되었는데 그 당시만 해도 학교 안에서는 농촌봉사라 하여 아직 농민문제의 본질에 대해 잘 모른 채 그저 감상적 인도주의 차원에서 여름이면 풀이나 뽑으러 가고 반은 여행 겸 놀러 다니곤 했다. 그러나 그런 농촌 봉사 활동과는 달리 방학이 되기도 전에 한 달이 넘게 한국경제의 문제점과 농업문제 등을 공부하고 방학 때마다 한 지역을 정해 놓고 당시 카톨릭 농민 단체와 기독교 농민 단체의 지원아래 미흡하나마 농촌 실태를 몸으로 겪고 문제 해결을 위해 힘써 보리라며 나름대로는 굳은 결심을 하고 찾아간 남해안 완도 옆의 제법 큰 섬. 난생 처음 철로 만든 육중한 배를 타고 눈발 날리는 수십 리 산길을 넘는데 스텐으로 된 안경테가 부유스러워 보인다고 안경도 끼지 말라고 해서 어둔 눈을 더듬어 저물녘에야 마을로 들어서니 마을 회관엔 동리 어른들이 반갑게 맞아 주시더구나. 짐을 풀자마자 허기진 배에 쌀도 씻지 않고 그대로 물에 넣어 밥을 짓고 밑반찬을 꺼내자니 동네 어른들 계시니 나중에 꺼내라는 말에 고추장에 비벼 허겁지겁 쑤셔들 넣는데 말린 파래와 김치를 한 양푼 가득 가져다주시며 여학생이 어떻게 혼자 따라왔냐며 등을 토닥거려 주시던 동네 아줌마. 영하 20도는 족히 넘는 밤을 여자라고 마을회관에서 다른 동료 선배들과 못 자고 동네 처녀와 불기도 없는 방에서 잠을 자는데 집채만한 이불을 덮고 요를 두 개를 깔았어도 냉기가 올라와 어찌 떨었는지. 잠 한숨 못 자고 새벽에 일어나 아침 운동을 하고 동네일을 거들러 허둥대다 모두들 일하러 간 새 동네 아이들을 맡아 유치원 보모 노릇을 하는데 아이들마다 코에서 누런 코가 아래 입술까지 내려왔다간 도로 훌쩍, 손들은 죄 터서 새까만 가운데 군데군데 피가 흐르고 한 겨울인데도 겉옷 하나 옳게 입은 아이가 없이 그 추위 속에서도 볼이 빨갛게 며칠 씻지 않은 얼굴의 때가 반질반질 어울어져 가을날 홍시처럼 달아올랐다.
　맑은 눈과 추위도 아랑곳하지 않는 씩씩한 아이들이 도시 아이들과 달리 너무도 살가워서 이 참에 한 번 묵은 때들을 사그리 벗겨주면 며칠 안남은 보름엔 허연 달덩이들처럼 빛나리라 나름대로 사명감을 갖고 큰 가마솥 두 개에 물을 가득 부어 장작을 있는 대로 때고 펄펄 끓여 양동이로 퍼 날라 아이들을 마을회관 앞마당에 죽 모아 놓고 한 놈씩 손부터 씻겨나가는 데 이거야 원 한 양동이 물을 다 쓰도록 아이 손에 끼인 때 터지고 그 위에 때가 끼고 다시 또 터져서 거북등 같은 손을 아무리 이태리 타올 대신 지푸라기를 뭉쳐 부벼대도 한량이 없는 것이었다. 겨우 한 녀석을 얼굴까지 벌겋게 문질러 주고 나니 해는 벌써 정수리에 내리 쏘이고 양동이로 두 개의 펄펄 끓는 물을 다 썼던지라 가마솥의 물이 반이나마 줄어 있었다. 기가차서 마당 가득한 아이들을 바라보니 저희들도 무슨 영문인가 싶어 말똥말똥. 마침 나무를 잔뜩 지고 산에서 내려오던 선배 하는 말.
　"아니 이게 무슨 짓이야? 마을 사람들은 산이 민둥산이라 나무 한 번 하려면 얼마나 서로 눈치를 보고 불 한 번 때는 것도 큰 결심을 해야 하는 판인데, 그래도 우리가 왔다고 그나마 없는 장작들을 어젯밤 마을 회관에 갔다 주느라 밤새 불기 없는 방에서 허리도 못 펴고들 주무셨을 텐데 이 많은 낭구를 그래 물 데운다고 다 지피고, 아이 하나 닦이는 데 그 귀한 더운 물을 낭비하다니, 너 정신이 있는 거야 없는 거야?"
　예기치 못한 호통에 어찌나 부끄럽고 혼이 났던지 뒷간으로 도망쳐 나오지도 못하고 있는데 또다시 고함소리,
　"아니 이 아까운 휴지를 뭐한다고, 야 임마! 애들 코 종일 닦이고 다

녀봐라 그 코가 그치나. 여기 사람들은 새끼줄로 똥 닦는다. 정신 바싹 차려! 여기 사람들이 새끼줄로 똥을 닦으면 너도 새끼줄로 똥을 닦아야 한다고. 여기 뭐 놀러온 줄 아냐. 서툰 잔정은 니네집 안방에서나 베풀어."

저녁내내 얼굴도 못들고 부녀반 활동을 가 이런 애기 저런 애기 나누다 뒤풀이 시간이 되었다. 웬 아주머니 한 분이 "아이고 아가씨 고맙더라고. 우리 애가 훤해졌구먼. 징한 거. 지 에미도 못하는 일을 참 고맙기도 하지. 그런디 뭐 대접할 게 있어야제" 하시며 손을 꼭 잡으시더구나. 그러나 갑자기 놀란 듯 "어이고 어찌 이리 손이 곱대. 장구도 잘 친다며 이리 고운 손으로 어찌 장구를 다 때리는감."

그 소리에 어디 고운 손 좀 보자고 할머니 아주머니들이 달겨들고 얼떨결에 뒷전으로 물러앉으니 가게 방에 가서 막소주 댓병을 받아 마을 아주머니들마다 잔을 받으라고 성화지만 차마 손을 내밀지 못하고 나무껍질 같은 그네들의 터진 손을 하염없이 바라보다 눈 덮인 바닷가 마을의 둔덕을 더듬거리며 내려오던 기억이 아련히 떠오르는구나.

한겨울에도 날랑날랑한 나이롱 내복에 홑바지를 입고 산으로 들로 거침없이 뛰어다녀도 홍시처럼 볼이 발갰던 아이들. 그 짠 황새기 한 마리를 손에 쥐고 고봉밥을 달게 삼키던 가난한 섬마을 꼬마 녀석들은 지금 어디서 무얼 하고 있을까. 열 대여섯 살에서 스무살은 되었을라. 거친 바다와 싸우는 뱃사람이 되었을까. 상기도 새벽바람에 통통배를 끌고 동트는 바닷가에 나아가 김을 건지고 미역을 따고 함지박 가득 목이 휘도록 십리 길 너머 김을 이고 돌아오고 있을까? 말갛게 헹구어 썩썩 썰어서 양지바른 곳에 김발을 널면 해는 벌써 높이 걸리고 늦은 아침을 뜨며 언 땅에 불어오는 바람맞이 채비를 차릴까. 물 설고 낯선 땅 어디 공장에 노동자로 품을 팔러 갔는지도 모르지. 올 한가위에는 고향엘 다녀왔는지.

　비료값, 기계값, 종자값. 갈수록 늘어가는 농가부채에 남의 나라 농민 살리자고 우리 농민의 목줄을 죄는 수입개방까지 하겠다고 온 나라가 떠들썩하고 김 수출은 안되 자꾸 값이 떨어진다는데 바람잦을 날 없는 남도의 섬마을, 거기도 이농바람은 여지없이 불어제끼고 있겠지.

외할아버지의 환갑잔치

아름.

 엄마는 어렸을 적부터 네 외할아버지를 이 세상에서 가장 힘이 센 사람으로 알아 왔다. 그 호랑이 같은 눈매에 주먹 한 방이면 그 앞에서 벌벌 떨지 않을 사람은 없을 것으로 믿고 그리하여 어떤 사내든 딱 한 눈에 알아차릴라치면 그 눈매와 알통, 주먹을 먼저 보는 습관이 있어 왔다. 사내라고 다 사내가 아니라 세상을 한 눈에 꿰뚫어 볼 수 있는 빛나는 눈, 썩어빠진 헛수작을 보면 단방에 날려 버릴 주먹, 그러나 정말 껴안아야 할 것은 으스러지게 껴안는 넓은 품이 있는 그런 사내라야 진짜 멋진 사내라고 생각하여 왔던 것이다. 그래서 네 외할아버님은 엄마가 사내를 알아보는 잣대요 그러나 할아버지의 품새에만 얽매였던 것이 아니라 그로부터 엄마 나름의 사람보는 눈을 틔워갔다는 말이다. 그런데 그처럼 엄마의 가슴에 늘 무섭도록 빛이 나는 눈, 딱 뻐그러진 가슴, 세상을 한 손에 움켜쥘 것 같은 주먹의 청년으로 듬직하게 자리잡고 계셨던 네 외할아버지께서 내일로 환갑을 맞으시는구나. 눈살의 힘은 여전하시되 가끔씩 물안개를 피우실 때마다, 또 희끗희끗 눈발을 날리는 머리카락하며 쌍심지로 솟으시던 목덜미의 핏대가 늙은 심줄의 끈기로 버텨 있는 것을 볼라치면 엄마도 모르게 눈물이 나서 고개를 돌리곤 한다. 그래 이제 외손주, 친손주 모두 두신 영락없는 호호 할아버지가 되신 당신의 뒷모습, 지난 대통령 선거로 깊은 좌절과 절망의 끝간 데에서 몰아치는 한파를 맨몸으로 맞고 계신 그 모습은 더욱 깊게 패여서 북한산 자락을 하염없이 바라보는 엄마의 눈길도 서리서리 안개로구나.

　환갑이 다 무어냐고. 고향 할머니(네 외증조 할머니) 환갑 진갑, 칠순 팔순 정말 아무 것도 하얀 이밥에 고기국 한 그릇 올리지 못한 불효가 무슨 낯짝으로 환갑상을 받을 것이냐고. 더구나 지금은 민중시대라고 하지만 민중이 자기의 역사적 전진을 스스로 저버리고 있는 그야말로 참혹한 지경인데 무슨 잔치판이냐고 두 말도 못 꺼내시게 하셔서 변변찮은 자식들이 그나마 제 노릇을 못하게 되었구나. 그러나 아침상은 차려 들여야 할 것 같아 이렇게 밤을 지새며 음식 장만을 한다고 자리는 지키고 앉아 있다만 통돼지 한 마리를 그대로 삶으면 막소금에 찍어 씹지도 않고 꿀꺽 삼키실 타고난 그 식성 앞에 이따위 빈대떡 몇 조각, 나물무침 따위가 될 성이나 싶으랴. 차라리 맨 무릎을 꿇을지언정 정말 올릴 것이 없구나.

　갑갑한 마음에 툇마루에 나선다. 이렇게 한없이 잦아만 들 때 하늘 한 구석이 무너지며 눈이라도 내리면 얼마나 좋을까. 싸락눈! 공해에 찌든 서울 하늘에서는 좀처럼 만나기 힘든 북방의 시린 겨울날을 지향 없이 깊어 가게 하는 가루눈이 모두가 지쳐 잠든 밤하늘을 타고 허옇게 허옇게 짓뿌린다면. 그래! 이런 시린 겨울날 통돼지 잡아 올릴 주변은 없지만 우리 지혜로운 어머니들처럼 온 마을을 술렁거리게 할 두부를 한 솥 얹으면 얹는 거야.

옛부터 우리네 삶의 풍정에서는 어느 한 집에서 두부 하는 날이면 그 마을이 온통 술렁대며 밤을 지샌다고 했지. 두부 하는 날은 대개 추운 겨울날. 어느 집에서 두부콩을 담근 다음날 아침에는 영락없이 하늘은 시퍼렇게 잔뜩 찌푸리다가 차가운 바람이 일면서 실실 가루눈이 내리고 그런 가운데 시렁시렁 맷돌이 돌아가고 아궁이에 불을 당길 즈음이면 제법 눈이 치마폭처럼 쌓이면서 눈보라가 요란하게 치기 마련이라. 찬바람이 온 마을을 삽시간에 허연 눈덩이로 몰아간다 했다.

  두부콩이 펄펄 끓으면 구수한 콩 비린내는 찬바람을 타고 주린 창자에 단침을 동하게 하면서 온 마을에 퍼져 나가고, 굴뚝의 내가 자욱히 내려 깔려 펑펑 쌓이는 눈발에 겹치는 모습은 하늘과 땅이 혼인을 맺듯 우리네 시골 고장에서만 볼 수 있는 정겨운 모습이다.

  이처럼 두부 하는 집안에는 또 유난히 동네아이들이 안방으로 쪼르르 모여들기 마련. 아랫목 윗목할 것 없이 방바닥이 뜨끈뜨끈 하니까 놀기도 좋으려니와 두부가 다 되는 날이면 순두부 한 사발씩 얻어 먹을까 해서 구들장이 꺼지도록 뛰고 낄낄대며 밤이 깊어도 집에 돌아갈 줄 몰랐다는 것이다. 그러나 그 법석을 떨어도 주인 아주머니는 절대로 그들을 그냥 돌려 보내는 경우는 없지. 인심 좋은 아주머니들이 그 속내를 야멸차게 닫는 일이 있을 리 만무하거니와 두부 하는 날이야말로 가난한 사람들의 진짜 잔칫날에 다름 아니기 때문이다.

  농사지은 것을 모두 뺏아 큰 광에다 쌀가마를 잔뜩 쌓아 놓은 집에서는 날마다 떡을 친다, 부치개를 부친다, 술을 담근다, 고기를 굽는다, 그 야단이 없지. 그러나 가난한 집에서는 쌀이 있으랴 밀 것이 있으랴. 있다는 건 자작해 거두어 드리는 콩밖에 없으므로 이놈의 콩으로 두부를 하는 날이면 가난한 동네 사람들의 잔칫날이 아니 될 수가 없는 것이다.

이리하여 동네 아이들은 두부 하는 집에서 아주 제쳐놓고 떠들썩하지만 사실 더욱 조바침치는 것은 동네머슴들이 모여 새끼 꼬고 짚새기를 삼는 돌머슴 집이다. 반찬이라곤 언 무를 숭덩숭덩 썰어 넣은 된장찌개에 깡조밥을 말아 훌훌 마셨을 뿐이니 먹기가 무섭게 속이 꺼지고 헛헛증이 더할 뿐…. 그리하여 내기를 치는데. 일정한 길이의 새끼발을 누가 더 꼬느냐 하는 내기다. 지는 놈이 동네집 김치독을 열고 동치미를 꺼내다가 어적어적 먹어보지만 그 왕성한 소화력에 헛헛증이 더 하면 더 했지 가라앉을 리 없고. 하면 새끼꼬는 사랑방은 다른 이야기보다도 먹는 타령이 얽히고 설키는 법. 뉘집의 개새끼가 제법 컸으니 그 놈을 푹 삶아 노란 국물, 뼈가지까지 사그리 발라 먹었으면 원이 없겠다고 하고 눈발을 헤치고 산마루에 오르면 먹이를 찾아 나선 멧돼지를 만날지도 모르는데 그 놈 한 마리 잡아 통째로 구워 놓고 온동리 사람들이 디리 먹어대면 이 헛헛증이 가라앉을 것같다는 둥 한참 먹는 타령으로 이어가지만 실은 두부 하는 집에서 각 집마다 이고 돌릴 순두부가 왜 이리 늦는가 하는 조바심이 역으로 이렇게 홰를 동하는 것이다.

이미 어느 한 집에 두부를 곤다는 소식이 전해지면 그 집에서 청하지 않더라도 이 겨울날 할 일 없는 머슴들은 눈발이 세차거나 말거나 지게 장단에 노래 가락도 구성지게 산에 올라 바싹 말라붙은 솔가지를 한 짐 따다가 두부 하는 집 헛청간(나무간)에 부려 놓았다고 한다. 어느 누구만이 그런 것이 아니다. 온동리의 이놈 저놈이 다 그렇게 나무를 부려놓는데, 그것은 두부가 다 된 다음 순두부라도 한 사발 얻어 먹자는 꿍꿍이지만 그러나 꼭 그런 것만은 아니지. 두부 하는 데 필요한 나뭇단은 서로 이렇게 쌓다아 주는 것이 함께 사는 동네의 인습이거든. 그러니 그 출출한 밤에 순두부를 한 자베기 배고 사립문을 버석이며 새뚝이처럼 닥쳐올 순이가 오죽이나 기다려질까.

　수수깡으로 엮은 울타리를 사정없이 때리는 바람, 파르르 마른 잎사귀가 떠는 소리에도 사랑방 머슴놈들은 숨을 죽이기 마련이요, 지나는 이의 뽀드득 뽀드득 눈길 가는 소리에도 조바심을 한다. 그러다 어느덧 자정이 지나고 눈은 쌓이고 배창자는 주릴 대로 주려 배배 꼬이기 시작하는데 관솔불이 이슥토록 타올라 방안 가득 매캐히 숨이 답답할 바로 그 경각, 참으로 눈 밟는 소리가 뽀득뽀득 들리면 일제히 숨을 죽인다. 가분자기 방문이 벌컥 열리며 찬바람과 함께 들이닥치는 순두부, 그것을 이고 들어오는 이팔 청춘의 순이, 그 순간 순두부와 순이는 그냥 단순한 순두부에 동네 처녀가 아니다. 새뚝이, 배배 꼬인 배창자를 더욱 뒤틀리게 하는 관솔불의 매캐함을 싹 하니 갈아주고 시린 배를 뜨겁게 채워 줄 굶주림, 그러나 단순한 굶주림이 아니라 기다리던 소식처럼 그 소식을 통한 현실의 꿈을 실현해 주는 영원한 연인, 순이요 순두부인 순이를 일러 새뚝이라 했던 것이다.

　엄마는 이 이야기를 외할아버지께 듣고 우리네 좋은 옛 풍속으로만 알고 있었는데 뜻하지 않게 그런 풍정을 만난 적이 있다. 대학 2학년 겨울방학 저 강원도 상동땅 너머 하늘 아래 첫 동네 이름하여 천평리라는 곳으로 농촌활동을 갔을 때였다. 얼마나 춥던지 숨을 들이키면 코에서 얼음이 버석버석하고 오줌발이 그대로 얼어붙고, 방안에서 물이 꽝꽝, 그야말로 몰아치는 살바람에 지붕이 들썩들썩 밤이 새도록 얼어붙는 화전민 마을.

　마을에서도 가장 높은 곳에 사시는 할머니가 환갑을 맞으셨는지 온동네에 때 아닌 잔치판이 벌어졌다. 같이 갔던 우리 동료들이 모두 초대를 받아 가니 잔치 음식이라곤 딱 하나 순두부에 얼음 버석이는 김치를 말은 그것이라. 쇠를 잡히고 장구를 때리고 북소리에 온동네가 돌아가지만 아무리 가난한 마을이기로서니 자손이 없는 것도 아닌데 어찌 두부 하나를 잔치 음식으로 온동네가 저리 들썩일까 내내 궁금했는데 그 두부 한 그릇을 얻어먹기 위해 동리 청년들은 사흘들이 나무를 해대고 처녀들은 물을 긷는다, 콩을 담근다, 맷돌을 돌린다, 마침내 아궁이에 불을 지필 즈음 아닌 게 아니라 새도록 가루눈이 내려 온 동네가 하얗게 덮이는 것이 아닌가.

이렇게 예나 이제나 가난한 사람들의 삶의 내력은 달라질 턱이 없었나 보다. 옛날이라면 열심히 일을 했으되 하얀 이밥 한 그릇 자기에게 제대로 돌려지는 법이 없었고, 주인놈에게 다 빼앗기고 텃밭에 틈틈이 심은 콩밖에 남은 것이 없으므로 이 콩으로 두부를 해서 가난한 이들의 잔치를 했던 것이고, 오늘날에는 여름 내내 불을 질러 그 땡볕에서 화전을 일구었으되 농가빚, 비료값 돌아오는 거라곤 옥수수, 감자, 콩밖에 남은 것이 없으니 옥수수, 감자로는 밥 대신 먹되 후루루 떨어지는 옥수수 반짓밥에도 속이 헛헛해지면 유일한 단백질, 콩을 담가 두부를 하는 것이었다.

십 년 전 동네 어른집에 일 거들어주러 가면 양푼 가득 담아 내온 옥수수 조밥, 숟갈로 뜨면 후루루 떨어지는 것을 눈물로 삼키며 오늘의 농촌을 울던 생각, 그 쓰라린 아픔 속에서도 환갑이라고 두부를 해서 온 동네가 술렁이며 쇠를 잡아 굿거리춤에 돌아가며 오늘의 아픔을 넘던 그 가슴을 도려내는 듯 시리면서도 넉넉한 풍정은 아직도 눈에 선하게 밝아온다.

그래 이 참에 네 외할아버지의 환갑은 두부 잔치다. 순두부를 기다리는 이 땅의 빼앗긴 민중들의 찌든 방안을 샛바람으로 벌컥 열어제낄 영원한 연인 순이처럼 순두부를 한 자배기 가득 안고 들어서는 거다. 밤새 내려 얼어붙은 눈길을 헤쳐 뽀드득 뽀드득 바람소리에도 조바심을 칠 그네들의 그리움, 타는 목마름, 주린 배를 채울 순두부 말이다.
　어제의 싸움은 패배했지만 두부하는 집에 나무를 해다주는 머슴들의 기다림의 심정으로 가슴조였을 사람들의 가슴이 매캐하게 찌들어갈 때 찬바람을 헤치고 눈길을 달려 가분자기 방문을 열어젖히며 뜨거운 순두부로 내일의 새로운 시작을 달구는 거다.

다/섯/째/마/당

엄마의 노래

이 글들은 엄마의
삶의 둥지를 부수는 부리질이다.
저 나라 내일을 향한 단금질을 위해
따악따악 더 힘을 낼 일이다.

너의 그리움은

몰랐구나

네 잠긴 그리움
쏟아지는 외로움

가릉거리며 밭은 기침으로
한밤중 자지러지며
병으로 깊어져도

살아가는 길 겨워겨워
차마 눈도 뜨지 못하고
토닥거림에
참지 못할 짜증·성가심으로
버럭 소리지름에

참다참다 찔끔찔끔 질여낸
작은 아래 속곳
쩔은 네 하루를 집어들고서야

그리움 그리 깊이 패어

외로움 그리 쩔은 줄
에미가 되어서
몰랐구나 아가.
가을물처럼 서늘한 웃음으로
출렁이며
돌아앉는 너
이름처럼 아름다운
딸아

하루, 그 짧은 날에

눈을 뜰 수가 없다
7시 반
남들은 출근길에 복닥이고
아이들마저 떠난 뒤
겨우 아침을 맞다

밥 안치고
찌개 얹고
전날 설거지
삶을 빨래 옮아 담고

아침상 차려
새벽녘에야 잠든 당신의
곤한 잠을
차마 열 달 짜리 딸아이
울음소리로 들깨우고

허겁지겁
뜨는 둥 마는 둥
양말마저 꿰고

문을 나서면
아빠 잘잘
설거지, 겉옷 빨래, 삶은 빨래
바닥 훔치고
오전 내내 불이 나도
당신이 빠져나간 자리
또다시 아이의 똥 기저귀
토닥토닥 아침잠을 물리고 나면
새로 한 시

밑에 집 기훈이 윗집 혜진이
한바탕 띵동띵동 들락거리다
수제비 먹으러 와요
203호 화들짝 열어
후룩후룩 점심 한 끼 벼락쳐 간다

닦달치는 원고 독촉
저놈의 전화통을 묻어버릴까
전화요금 연체된 터에 통화 정지나 당해버려라
문명의 이기 컴퓨터
밥줄을 키고 불러오기로 더듬어 갈 때
엄마아
어느새 벌떡 일어나 앉은
딸아이 울음소리
덜렁 안고나서면

13평 아파트
어린이 놀이터의 모래알처럼
하루가 흩어져 간다
아이들도 하나 둘 불려 가고
작은 새처럼 둥지를 찾을 무렵
집집이 된장찌개 감자국 냄새
코끝에 아리고

그리하여 또 밤
어디서 굶지나 않나
저녁거리가 궁해서
된장을 지지고
토닥토닥
아이의 숨소리가 잦아들면
빨래를 갠다

이렇게 빼앗긴 하루 몇날 몇일
나는 어디에서 무엇을 사는가

아직도 들리지 않는 당신의 발소리
겨우 한 장의 책장을 넘기다
창문을 연다

십사만육천이백원

민족학교
강의 두 시간 하고
알량한 강사비 이만원
수강생들하고 술이라도 한잔 걸칠 일이지
길거리에서 더럭 마주친 처제한테
삼천이백원 거금 쓰고
담배 한 갑 사 피고
남은 돈 일만 육천이백원
고스란히 건네주며
멋쩍게 웃는 당신

애 아빠 한달 월급 얼마예요
동네 아줌마들 물어도
그저 그렇지요 뭐

결혼하고 이태가 넘도록
당신이 벌어다 준 돈 모두 다
십사만육천이백원
어제 만육천이백원
가져다 준 것까지

꼭 세번 당신 손으로
옜어 건네준
참으로 기막힌
우리집 가장 주변머리

어떻게 살아왔는지
열한 달 되는 딸아이와
열 달이 넘도록 씨름씨름
원고 한 자 메울 때마다
노랗던 하늘
온통 장마비에
가맣게 휩쓸려 가는데

차비 주고
제사상에 올릴 막걸리 한 되 사고
저항력 길러준다며 내내 미뤘던
딸아 재채기·콧물 감기 병원비 이천오백원
또다시 이백원으로 남은
우리집 전 재산
가보처럼
딸애 저금통에 달랑 넣어줄 때
어디선가 터져나오는 노동의 분노
나는 듯 달려가는 당신

무력한 남편 아닌

뜻을 같이한 동지로
가도 가도 가슴 조이던 수배길
듬직한 가슴으로 만난 우리 사랑
새기고 마음 돌이켜도
막막한 새벽녘

하루이틀 이 모양이었나
날 밝으면 또 무슨 수가 나겠지
구부정한 어깨에
쑥 들어간 두 눈
금새라도 들이닥칠까
빈털터리 두 손을 쓸며
찌개를 얹는다

콩밥을 지으며

종일 등 굽어
끝도 없는 싸움의 지척을 가리는 그대

딸애의 칭얼거림 쓸어안는 가슴팍에서
서른네 살의 숨가쁜 거울을 보다

놈들은
곰 쓸개, 산삼이다 설쳐대고
뭇짐승도 사탕발림
개죽임에 분노하는 여름,
물고문, 쇠몽둥이
생떼 같은 아들을 빼앗기고도
또다시 끌려간 애비들 쌍심지는
아무도 거들떠보지 않는 등뒤로
장마비 거세게 때리고

저녁거리가 아쉬운 아내는
동전 몇 닢 짤랑거리다
쌀을 씻는다

신도시 땅장사들 오색 꿈에
밀려난 일산 아지매
갈라 터진 손끝에
어금니로 일군 텃밭
원한으로 맺힌 붉은 콩
아끼지 않고 듬뿍 넣으며
그대 누렇게 뜬
서른네 살의 젊음이
붉게 맺히라고

남의 살 뜯지 못하는
오늘의 단백질을
모락모락 서리는 김으로
한 그릇 안기기 위해
벼락치는 저녁
콩밥을 짓는다

안산에서

시멘트 먼지 속으로
그대 등 돌리고
긴 소음 끝에
홀로 앉다

돌아보지 말기
기다리지 말기
결코 탓하지 말기
서로에 대하여
자신에 대하여
늘 떠나는 마음으로
아스라이 사라지는 심정으로
하루하루가 쌓이고
시멘트 먼지 위로
폐허처럼 쌓이고
지쳐가는 길은
발자욱을 남기지 말 것

가는 만큼
멀어지는 그대

겨울 삭풍에 휘몰리는
시멘트 먼지 사이로
아득한 그대

산다는 것
— 어느 시인에게

반 년을 삼십 분 틈이 생기면
한 자도 메우고
일주일, 열흘이 넘어도
한 줄도 채우지 못한 채
똥기저귀, 아이 울음소리
뒤범벅으로 같이 울다가

안간힘으로 아이를 떠메고 나서면
담배 연기 송곳 바람
종일 유모차에 앉았다 졸다
벌벌 기어다니고픈 아이의 원망
악다구니로 찢어지는
가난한 남의 출판사 한 귀퉁이 지난한 투쟁
서너 장을 못 채운 채
잔뜩 짊어진 책보따리
매달린 아이
세 번 갈아타는 원당행 종점이
아득한 만큼 맥이 풀려서
허위허위 언덕길
지쳐 잠든 아이의

감긴 눈 제껴진 머리에
자장가로 기어올랐나
활자화된 투쟁 속
그 어디에도 묻어나지 않는 삶의 터럭들
그래
이전엔 생활 들먹이는 것조차
잡놈이라
단칼에 자르던 원칙은
비정인가 호기였나

원고료 지불 연기
두번째로 연락 두절 이후

온몸의 터럭 하나까지
사그리 뽑히는 쌍심지

나에 대하여 나에 대하여
곤혹스러움
구차함

그리고 나의 투쟁에 대한 처절한 평가

살아갈 방도란
한 매당 3,500원 짜리 원고가 아닌
나의 투쟁

열한 달 짜리 아이의 투쟁
연 이틀 쉬임없이 전화를 돌리며
병원비가 없어
일주일째 똥질을 해대는
아이의 메마름과 투쟁
바람찬 역사의 현장
한 발 물러앉은
냉엄한 심판대 위에
초라하게 선
서른네 살
삶의 한 고비와의 투쟁

하늘 아래
땅 위에
그대 곤란한 도피 위에
내 투쟁의 산물을
상품으로
지겨운 빚독촉으로
전락시킨
장사꾼과의
다름 아닌 생존 투쟁

오늘은

오늘은
헤어짐이 무섭지 않구나

6년을 하루같이 철퍼덕 내려앉든 가슴
아귀다툼 같은 기다림

오늘은 헤어짐이 두렵지 않구나
켠켠이 내려앉은 삶의
지친 무게 자락
묵은 해처럼
떨어져내려
그대 등 뒤에
햇살 하나 남기지 않고
어둠 걸치고 떠나간 뒤

지치지 말 것
무너지지 말 것
분노하지 말 것
굶주린 우리들의 사랑
까부수지 못한

우리들의 둥지

더는 버틸 수 없는
목마름에 대한
아낌없는 이별
일상의 긴 고뇌 속에
움푹 패인 상처의 도려냄
어딘가에서
속절없이 잠들었을
그대의 깊은 한숨
이대로는 숨쉴 수 없는
이 가쁜 삶이여

오늘은 터럭만큼도
아쉬움 없이
그대와의 이별을 맞다

들을 수 없어도
오늘
나의 냉정함에 대하여
헤아릴 수 없어도
오늘
나의 무너진 억장에 대하여

그대

기억하라

결코
서툰 잔정의 애절함으로는
그대 맞지 않으리

— 92년 새해를 맞으며

안산에서 2

머물고 싶은 곳이 어딜까
그저 반갑고 정겨운
붙이들 부대끼는 곳

들이대고 싶은 건 무얼까
일상의 끝없는 줄다리기 속에
안타깝게 저어 오는 어머님의 한숨
끊을래야 끊을 수 없는 탯줄의 떨림

밤새 떠나는 꿈을 꾸다
아이 부둥켜안고
이 겨울바람 속을
내쳐 달리는 꿈만 꾸다

아쉬움조차 지겨워
끈끈한 연민의 늪 가르고
탈출

그리고 눈발 날리지 않는 새벽
한 해를 또 저어 온 저

어둠 가시지 않는 아침

찬바람 속
볼이 발간 아이들은
저들의 슬픔을
속절없이 쏟아 놓는다

돌아들가라
겨우내 낙엽 속
번데기의 꿈조차
투쟁이다
생존을 위한 위대한 한 판

물러들가라
새해 짧은 햇살은
과자봉다리 끌어안고 잠든
사내아이의 때절은 손목 어루만지다
끝내 곯아떨어진 아낙의
굽은 허리춤에 지고

어머니

울지 않았다
너를 위하여

어느 날
너
어머니 당신 속에 우리의 적이 있다고
어느 시인처럼
간교한 인륜의 탯줄 자르고
참혹한 싸움터로
불현듯 떠나갈 때

나는
울지 않았다

내가 너를 처음 몸에서 낳고
마침내 다시 역사 속에서 낳은
그 감격을 울 뿐
냉엄하게 너를 떠나 보낼 줄 아는
진짜 에미로 다시 서기

자꾸만 굽어지는 무릎
자꾸만 외틀어지는 손마디
폐 속에 쌓여
밭은 기침으로
사십 년 허연 분필 가루 토해내는
이 허리춤
차마 부여안지 못한다고

울지마라
아가
뒤돌아 보지마라

숱한 어머니들이
찢어진 속곳을
깃발처럼 나부끼며
무너진 삶을 다시 일으키는
그 피눈물 속으로
오늘도 길 잡아가려니

무너질 것은
사그리 무너지고
일으킬 것은 우뚝 선
그 날의 장엄한 길군악이 아니면

울리지마라

아가
돌아오지마라

여/섯/째/마/당

엄마가 만든 동화

엄마는 이야기꾼,
우리 집안은 원래가 이야기꾼의 집안이다.
할머니, 증조 할머니, 그 이전의 꼬꼬지 할머니 때부터
타고 난 이야기꾼의 내력이 전해 온다. 우리 어머니들은
삶의 어려움이 닥칠 때마다 한없이 가는 우리의 위대한
옛이야기로부터 아픔을 넘는 지혜와 힘을 얻었으려니...
따라서 오늘을 사는 우리 엄마들 또한 타고난
이야기꾼이지 않으면 안된다. 우리 아이들에게
사람이 사람답게 살아가는 가장 아름다운
삶의 이야기와 내일에의 단꿈을 아로새겨
오늘의 삶을 일으키게 하는 역사 속의
어머니가 되지 않으면
안되는 것이다.

작은 배 이야기

　옛날 옛날 어느 바닷가에 작은 배가 살았더래요.
　작은 배는 매일 매일 어부 아저씨와 앞바다에 나가서 미역도 따고 김도 따고, 조개도 잡고 고기도 잡고, 아침해가 저 까마득한 하늘 끝에서 둥실 머리 위로 떠오를 즈음 콧노래를 부르며 바닷가로 돌아오곤 했어요.
　그런데 그 작은 배는 꿈이 하나 있었어요. 저 먼 바다에는 무엇이 있을까? 누가 살고 있을까? 큰배들이 뱃고동을 뿌우 울리며 떠나갈 적마다 작은 배는 저 먼 바다로 노저어 가고 싶은 마음에 밥도 잘 먹지 않고 하루종일 먼 바다를 바라보고만 있었어요.
　그러던 어느 날 갈매기가 놀러 왔어요. 작은 배는 옳다구나 갈매기에게 말했어요.
　"갈매기야 갈매기야, 내 부탁하나 들어주련?"
　"무언데"
　"너는 마음껏 날 수 있는 날개가 있으니 하늘 끝까지 날 수 있고 저 해님이 사는 먼 바다에도 가보았겠지. 나도 저 먼 바다에 좀 데려다 주

작은 배 이야기(이인경 그림, 캠퍼스에 유화, 24×30.5cm)

런?"

"안돼, 나도 겨우 요 앞바다에만 나가 보았는 걸. 엄마 아빠 따라서 한 번 가보기는 했지만 너무 멀고 힘이 들어서 혼자서는 갈 수 없어. 먼 바다에는 언제 비바람이 몰아칠지 몰라. 그러다 길을 잃으면 어떻게? 안돼. 큰일나."

"그럼 어떻게? 나는 너무너무 저 먼 바다에 가보고 싶단 말이야."

작은 배는 너무너무 저 먼 바다에 가보고 싶어서 갈매기에게 막 졸라댔어요.

"어떡하지, 아! 저기 큰배 아저씨한테 가서 한 번 부탁해보자. 큰배 아저씨는 먼 바다에 많이 가보았으니 너를 잘 데려다 줄 거야. 잠깐만 기다려."

갈매기는 큰배 아저씨한테 가서 사정 이야기를 했어요.

"큰배 아저씨야! 큰배 아저씨야! 부탁이 있는데, 저기 저 작은 배가 먼 바다엘 한 번도 못가봤대요. 그래서 저보고 좀 데려다 달라는데 저도 혼자서는 안 가봤거든요. 아저씨가 작은 배를 먼바다까지 데려다 주지 않으시겠어요?"

"안돼. 오늘은 나도 먼 바다에 비바람이 심하다고 해서 가지 못하고 있는 걸. 설사 맑은 날이라 해도 언제 먹구름이 무리져 올 줄 모르고 또 나는 한 번 가면 몇 달씩 있기도 하는데 그 동안 먹을 거며 누가 작은 배를 돌보아 준단 말이니? 혼자 먼저 돌아올 수도 없을 거고. 매일 요 앞바다에서 물장구치고 놀면 되지 뭣하러 저 먼 데까지 힘들게 가겠다고 그런대니? 가서 쓸데없는 생각하지 말라고 잘 달래봐."

갈매기는 힘없이 작은 배에게 날아왔어요.

"작은 배야 어떡하지, 큰배 아저씨가 그러는데 오늘은 먼바다에 비바람이 몰아쳐서 큰배 아저씨도 나가지 못하고 있대. 그리고 저 먼 바다에 나가면 언제 돌아올지 몰라서 너를 데리고 갈 수 없다는구나. 어쩌면 좋지."

"싫어 싫어. 나는 꼭 가고야 말테야. 갈매기야 무슨 방법이 없겠니? 잘 생각해봐."

"글쎄, 그럼 잠깐만 기다려봐. 내가 친구들하고 잘 얘기해볼께."

갈매기는 갈매기 섬으로 동무들하고 의논을 하러 급히 날아갔어요.

"얘들아, 이리들 와봐. 저기 작은 배가 먼 바다에 가보고 싶다고 저렇게 졸라대는데 무슨 좋은 수가 없을까?"

"먼 바다엘? 아휴, 그건 우리 힘으로 어쩔 수 없는 거잖아. 날개가 더 튼튼해지고 눈매도 더 싸나와져야 비바람 속을 헤쳐 갈 수 있을 텐데. 지금은 어림도 없는 걸."

"그러지말고 잘 생각해봐. 작은 배가 너무 불쌍하잖아. 한번도 먼 바다에 가본 적이 없다는데 얼마나 가고 싶으면 저렇게 밥도 안 먹고 성화겠니?"

"그럼, 우리 가서 작은 배를 위로해주자. 오늘은 벌써 너무 늦었구, 좀더 자란 다음에 꼭 데려다 주겠다고 약속하고 우리들이 노래를 불러주면 작은 배도 마음을 가라앉힐지 몰라. 다들 작은 배한테 가자."

갈매기들은 떼를 지어 작은 배에게 왔어요.

"작은 배야 작은 배야, 내 동무들이야. 인사해."

"안녕, 그런데 무슨 좋은 생각이 났니?"

"으응, 오늘은 먼바다에 가기에는 너무 늦었어. 이 다음에 우리 날개가 더 커지고 가슴이 빠그라지고 어떤 것이라도 꿰뚫어 볼 수 있을 만큼 눈매가 사나와지면 그땐 아무리 거센 비바람이라도 헤치고 너를 저 먼 바다에 데려다줄께. 너도 밥 잘먹고 씩씩하게 바다를 헤쳐 갈 힘과 용기가 생겨야 저 먼 바다로 물살을 가르며 나아갈 수 있단다. 이렇게 잘 먹지도 않고 고집만 부리면 키도 자라지 않고 힘도 안 생긴다. 그러면 어떻게 저 먼 바다까지 헤엄쳐 갈래? 자, 오늘은 우리가 고운 노래를 불러줄께. 이제 그만 자렴. 꿈속에서 저 먼 바다까지 단숨에 물살 가르려무나."

그리고 갈매기들은 고운 목소리로 작은 배를 위해 노래를 불러주었대요.

"아침 바다 갈매기는 금빛을 싣고
고기잡이 배들은 노래를 싣고
희망에 찬 아침 바다 노 저어가요
희망에 찬 아침 바다 노 저어가요"

노래 소리에 작은 배는 눈이 스르르 감겼어요.

"잠들려고 한다. 노래 하나 더 불러주자."

갈매기들은 작은 배 위를 맴돌며 조용히 소리를 낮춰 노래를 불러주었어요.

"배를 저어가자
험한 바다 물결 건너 저편 언덕에
산천 경개 좋고 바람 시원한 곳
희망의 나라로
돛을 달아라 부는 바람 맞춰
물결 넘어 앞에 나가자 아 아

자유 평등 평화 행복 가득찬 곳
희망의 나라로"
갈매기들은 행여 바람이 불어 포옥 잠이 든 작은 배가 떠내려갈까 봐 작은 배의 몸을 바위에 꼬옥 묶어 주고 갈매기 섬으로 돌아갔어요.

* 비바람이 사납게 몰아치던 어느 봄날. 아름이는 밖에 나가자고 졸라대며 현관에 서서 신발을 줏어들고 문을 탁탁 내리치며

"나가요, 나가요."

한 시간을 넘게 막무가내로 문을 두드리다 안되겠던지 쪼르르 달려가 이번엔 베란다 창문에 매달려

"나가요, 나가요."
"안돼, 오늘은 심술쟁이 먹구름이 비를 많이 뿌리고 바람이 화가 많이 나서 아름이가 나가면 잡아간대요. 해님도 겁이 나서 숨어버렸잖아. 코 자고 엄마랑 내일 날이 맑으면 나가자. 옛날이야기 해줄게."

눈에는 조롱조롱 잠을 달고도 억지를 부리는 아름이를 안아 들고 겨우 자리에 뉘어 팔베개를 하고 즉흥적으로 들려준 작은 배 이야기, 똑같은 이야기를 다시 해달라고 눈빛이 도리어 초롱해지더니 마지막 갈매기 노래 소리가 잦아들 즈음 작은 배처럼 아름이도 저 먼 꿈의 바다로 노 저어갔다.

심청이 이야기

"옛날 옛날 아주 먼 옛날, 황해도 어느 마을에 심봉사가 살았구나."
"심봉사가 누군데"
"아름이 성이 무어지?"
"이아름"
"그래, 아름이는 이 씨지. 심봉사는 성이 심 씨고, 이름은 학규. 심학규라는 사람인데 눈이 멀었거든. 눈이 안 보이는 사람을 봉사라고 하는 거야."
"왜 눈이 멀었는데?"
"글쎄 그거야 모르지, 젊었을 때 일을 하다가 다쳤다고도 하고, 누구한테 몰매를 맞아서 그렇다고도 하고."
"여하튼 이 심봉사에게는 청이라는 딸이 하나 있었구나. 그러니까 이름이 심청이지. 심청이 엄마는 심청이를 낳다가 그만 돌아가셨대. 그래 심봉사는 청이를 이집저집 동네 애기엄마들의 젖을 동냥해서 먹였구나. 그렇게 불쌍하게 자란 청이는 어느새 커서 아버지인 심봉사를 위해 이집저집 밥을 얻으러 다니고 열 살이 넘으면서는 동네 일을 거들어주고 품삯 대신 밥도 얻어 오고 옷도 얻어오고 그랬지."

"품삯이 무언대?"

"으응 일을 해주면 일한 값으로 돈을 주거나 쌀 같은 것을 주는 거야."

"그래서 동네에서는 심청이가 정말로 마음씨 곱고 착한 딸이라고 칭찬이 자자했구나."

"심청이가 열 다섯 살 되던 어느 날, 이웃마을에 일을 하러 갔는데 저녁 때가 되어도 돌아오지 않자 심봉사는 걱정이 되어서 심청이를 마중하러 길을 나섰어요. 동리 밖에까지 지팡이를 짚고 더듬더듬 가는데 그만 발을 헛딛어 개울에 빠지고 말았어요."

"'허우적허우적, 사람 살려 사람 살려요.' 심봉사는 혼이 나가서 소리쳤어요."

"그 때 마침 몽운사라는 절의 중이 그 곳을 지나다 심봉사를 발견하고 얼른 꺼내 주었어요. 심봉사가 고맙다고 수십 번 절을 하니까 그 중이 혀를 끌끌 차면서 말했대요."

"'앞을 못 보는 봉사이군요. 부처님께 공양 올릴 쌀 삼백 석을 바치면 눈을 뜰 수 있을 텐데, 쯧쯧.' 눈을 뜰 수 있다는 말에 심봉사는 그만 너무 좋아서 그 중에게 약속을 하고 말았어요."

"'아니 그 말이 정말이십니까? 정말 눈을 뜰 수 있다면 삼백 석을 바치고 말구요. 저는 저 아래 마을에 사는 심학규라는 사람인데 약속은 꼭 지키겠습니다. 정말 고맙습니다.'"

"그러나 집으로 돌아와 정신이 든 심봉사는 그만 기운이 쏙 빠지고 말았어요. 당장 저녁거리도 없어서 어린 심청이가 이집저집 다니며 일을 해서 얻어다 입에 풀칠만 겨우 하는 처지에 공양미 삼백 석이라니. 도무지 꿈도 꿀 수 없는 엄청난 약속을 부처님 앞에 하고 말았으니 정도서출판 한울의 책을 구입하신 독자 여러분께 먼저 감사의 말씀을 드립니다. 이 엽서는 독자 여러분을 '한울 독자회원'으로 모시고 신선한 고견을 듣기 위한 것입니다. 독자회원에게는 『한울 도서목록』을 보내드리며 최근의 도서정보를 알려드리니 정확한 주소를 써주십시오. 도서출판 한울은 독자 여러분과 함께 숨쉬는, 살아 있는 책을 만들고자 합니다.

▶ 구입하신 책의 제목은?

▶ 이 책을 구입하신 동기는?
☐ 광고를 보고(에 실린 광고)
☐ 누군가의 권유로(의 권유)
☐ 신간안내나 서평을 보고(에 실린 글)
☐ 서점에서 눈에 띄어(제목/ 표지/ 내용/ 기타   )
☐ 기타(   )

▶ 이 책을 구입하신 서점은?   에 있는   서점

▶ 이 책을 읽고 느끼신 점은?
■ 내용에서 ☐ 만족 ☐ 보통 ☐ 불만   ■ 제목에서 ☐ 만족 ☐ 보통 ☐ 불만
■ 표지에서 ☐ 만족 ☐ 보통 ☐ 불만   ■ 책값에서 ☐ 만족 ☐ 보통 ☐ 불만

▶ 그동안 구입하셨던 한울의 책 중 인상에 남는 것은?

▶ 도서출판 한울에서 출판했으면 하는 책의 내용이나 종류는?

■ 독자번호   ■ 생년월일   년   월   일생(만   세)
■ 성별 ☐ 남 ☐ 녀   ■ 학력
■ 직업   ■ 학생은   학교   과   학년
■ 결혼 ☐ 미혼 ☐ 기혼(자녀 ☐ 유 ☐ 무)
■ 구독하시는 신문이나 잡지
■ 관심을 갖고 있으신 분야 .
■ 최근에 감명깊게 읽으신 책

보내는사람
이름
주소

□□□-□□□

우편엽서

우편요금
수취인후납부담
1991.6.20~1996.6.19
서울서대문우체국승인
제22호

도서출판 한울 앞

서울시 서대문구 창천동 503-24 흥암빌딩 201호
전화 (02) 326-0095(대표)
팩스 (02) 333-7543 Hitel no. hanul326

120-180

말 큰일이 아닐 수 없었어요. 심청이가 돌아와 저녁을 차려 올렸는데도 심봉사는 밥을 뜨는 둥 마는 둥 한숨만 푹푹 내리 쉬는 것이었어요."

"심청이는 그런 아버지가 매우 걱정이 됐어요."

"'아버지, 어디 편찮으세요?'

'아니다.'

'그럼 왜 그리 기운이 없으세요? 진지도 안 드시고 무슨 일이 있으세요?'"

"심청이가 자꾸 묻자 심봉사는 차마 떨어지지 않은 입을 열었구."

"'사실은 오늘 이 애비가 큰 실수를 했구나. 몽운사 스님이 공양미 삼백 석을 부처님 전에 올리면 눈을 뜰 수 있다고 하기에 그만 앞뒤 겨를 없이 약속을 하고 말았지 무어냐.'"

"심청이는 너무 기가 막혀서 말이 나오지 않았어요. 그러나 한편 아버님이 얼마나 밝은 세상을 보고 싶으셨으면 저런 터무니없는 약속을 하셨을까, 정말로 가슴이 아팠어요."

"'너무 걱정 마세요. 제가 열심히 일을 해서 아버님 눈을 꼭 뜨게 해 드리겠어요.'"

"심청이는 앞이 캄캄해 왔지만 아버지를 위로해 드리고 밖으로 나왔어요. 하늘에는 보름달이 훤하게 밝아 왔어요. 아 정말 저 밝은 달을 한 번만이라도 보실 수 있게 한다면 무슨 일인들 못할까. 그러나 당장 먹고 살아가기도 힘든데 무슨 수로 그 많은 쌀을 바칠 수가 있다는 말인가. 몽운사 스님은 어쩌자고 아버님께 삼백 석이나 되는 쌀을 바치라고 하셨을까. 그걸 바친다고 해서 과연 아버님이 눈을 뜨실 수나 있을까. 어찌 그런 얼토당토 않는 말로 우리 아버님 눈을 두 번이나 멀게 한단 말인가."

"심청이는 그 다음날 또 이웃마을에 일을 하러 나가야 했어요 그러나 일을 하면서 내내 아버님 생각에 한숨이 절로 나왔어요. 무슨 방법이 없을까. 공양미 삼백 석은 그렇다 해도 아버님 상심이라도 덜어 드려야 할텐데."

"그런데 마침 밖에서 시끌벅쩍 하는 소리가 들려 왔어요."

"아주머니, 무슨 일이에요?"

"아니, 글쎄 사람의 탈을 쓰고 어찌 그럴 수가 있단 말이야. 자기네 장사 잘되자고 생사람을 물에 처넣겠다니, 이거야말로 비나리가 아니라 사람 잡아먹는 귀신 행세지 뭐겠어."

"글쎄 무슨 말씀이신지…."

"아직도 소식이 감감이야? 중국 남경으로 장사 다니는 뱃사람들이 너처럼 꽃같은 처녀를 사서 임당수 물에 제를 지내겠다는 거야. 물길이 험해서 그리를 지나가려면 처녀를 바쳐야 바다 용왕이 노여움을 풀고 뱃길을 열어준다는구만. 그래 돈을 얼마를 주고라도 처녀를 사겠다는 거야. 천하에 불쌍놈들! 인두겁을 쓰고 그렇게 사람 목숨을 바쳐서 돈을 벌면 그 돈이 제대로 쓰이겠어? 못된 놈들 같으니라고."

"'아주머니, 그 남경 상인들이 어디에 묶고 있나요?'"

"'아니, 심청이 네가 몸을 팔려고? 아예 그런 소리 마라. 불쌍한 네 아버지는 어쩌구, 고생이란 고생은 다하더니, 얼마나 괴로웠으면 그래 산 채로 바닷물에 뛰어들겠다는 말이냐. 그건 안된다 안되고 말고. 어이구 쯧쯧. 어린 게 얼마나 마음고생이 심했으면 그런 생각을 다할까? 어이구 어이구.'"

"'그게 아니고요, 아주머니 좀 알아봐 주세요. 사정은 나중에 말씀드릴게요.'"

"'글쎄, 사정은 무슨 사정, 어쨌거나 네가 팔려 가려는 거라면 아예 얘기도 꺼내지 말라니까.'"

"심청이는 뱃사람들을 찾아 나섰어요. 주막에서 배의 주인을 만난 심청이는 사정 이야기를 하자 배의 주인은 그 효심에 감탄을 했어요."

"효심이 뭐야?"

"아버지를 생각하는 심청이의 고운 마음씨를 효심이라고 그래. 우리 아름이도 엄마 아빠 생각을 잘 알고 엄마 아빠 말씀을 잘 듣지. 그러면 효심이 있다고 하는 거야."

"그래서?"

"'공양미 삼백 석은 물론 처녀의 아버님이 평생 편히 사실 수 있는 양식도 더 주지.' 심청이의 효심에 감동한 배의 주인은 약속했어요. 뱃사람들은 공양미를 절에 시주하고 심청이의 집 광에 쌀이랑 양식을 가득 들여놓았지. 그리고 드디어 심청이가 팔려 가야 하는 날이 되었어요."

"'아버님, 부디 눈을 뜨시고, 밝은 세상에서 편안히 사세요.'"

"심청이는 아침 밥상을 잘 차려 놓고 잠든 아버지에게 절을 하고 집을 나섰어요. 아무리 참으려고 애를 써도 눈물이 하염없이 흘러 내렸지. 물기 어린 눈으로 집을 한 번 되돌아보고 심청이는 얼른 뱃사람들이 기다리는 곳으로 걸음을 재촉했어요. 심봉사는 아침에서야 청이가 공양미 삼백 석에 팔려 갔다는 걸 알았어요."

"'아이고 안된다, 청아! 안된다. 안돼! 너를 팔아 눈을 뜨면 무얼 하겠느냐! 청아! 어이구 내 딸 청아! 돌아오너라. 이 애비가 잘못했다. 청아!'"

"심봉사는 울부짖으며 집을 뛰쳐나갔어요. 마을 사람들은 심봉사를 부축하여 바닷가로 달려갔어요. 그러나 심청이를 태운 배는 이미 저 멀리 바다 한가운데로 나아가고 있었어요."

"'네 이 선인 놈아 장사도 좋거니와 사람 사다 제수 넣는 데 어데서 보았느냐? 쌀도 싫고 돈도 싫고 눈뜨기 내 다 싫다! 네 이 독한 상놈들아! 무지한 강도놈들아! 생사람 죽이고도 너희가 성할 줄 알았더냐? 청아, 내 딸 청아!'"

"심봉사는 악을 쓰며 부르짖었지만 배는 아득히 멀어졌어요. 드디어 파도가 거센 인당수에 배가 다다랐어요. 뱃사람들은 용왕님께 제사를 지내기 시작했어요."

"'비나이다. 비나이다. 하늘이 내린 효녀를 제물로 바치오니 제발 뱃길이 무사하도록 도와주소서!'"

"뱃사람들은 머리를 조아리며 절을 했어요. 심청이는 뱃머리에 서서 비나리를 했어요."

"'부디 아버지의 눈이 번쩍 뜨이게 해주세요.'"

"심청이는 제사가 끝나자 눈을 감고 치마로 얼굴을 감싸자 인당수 푸른 물에 '풍덩' 하고 뛰어들었어요."

"인당수 물은 콰르르 콰르르 사나운 들짐승처럼 소용돌이치면서 심청이의 가냘픈 몸을 단숨에 집어 삼켜버렸고 뱃사람들은 둥둥둥 북을 울리며 뱃길을 재촉했어요."

"그런데 물에 뛰어든 심청이가 잠깐 정신을 잃었다가 깨어 보니 누군가 자기 몸을 떠받치고 어디론가 둥둥 떠가는 느낌이 들었어요. 이렇게 보니까 작은 물고기들이 수도 없이 떼를 지어 심청이 몸을 감싸고 어디론가 헤엄쳐 가는 것이었어요. 심청이가 놀라서 두리번거리니까 작은 물고기들이 말했어요."

"'우리들은 이 깊은 바다 속에 사는 노래하는 고기떼들이에요. 심청이 아가씨가 아버님의 눈을 뜨게 해드리려고 뱃사람들에 팔려서 이 곳에 빠진다는 소식을 듣고 그 곱고 지극한 효심에 감동을 받아서 저희들이 아가씨를 살리려고 이렇게 달려왔어요. 마음 푹 놓으세요. 우선 저희들이 편안한 곳으로 모실 테니 푹 쉬시도록 하세요.'"
 "심청이는 너무 놀랐어요. 바다 속에 노래하는 고기떼가 있다는 얘기는 들었지만 이처럼 직접 보게 될 줄은 생각도 못했지요. 더구나 죽은 줄 알았던 자기가 살아 있다는 것이 꿈만 같았어요. 노래하는 고기떼들은 청이를 바다 꽃들과 풀들이 있는 아름다운 동굴로 데려가서 맛있는 음식과 아름다운 노래로 마음을 달래 주었어요. 며칠이 꿈처럼 지나갔지요. 그러다 문득 정신이 들고 보니 청이는 아버님이 걱정이 되었어요."
 "'과연 눈은 뜨셨을까? 이 맛난 음식과 아름다운 바다 세상, 고운 노래를 아버님께서 들으실 수 있다면 얼마나 좋을까?'"
 "노래하는 고기떼들은 심청이의 마음을 알아차렸어요."
 "'아가씨, 저희는 원래 물에서 사는 작은 물고기였어요. 물 속에서도 가장 힘이 약하고 착하기 짝이 없어 노상 여러 물고기들한테 잡혀 먹히기만 하다가 겨우 명줄만 부지하여 왔는데 마침내 다 죽게 될 위기에 놓이자 깨달았지요. 약하다 약하다 하면 끝내 다 잡아먹히고 말 터이니 어디 마지막 힘을 모아 보자고요. 그리하여 우리를 잡아먹는 것들에 대한 분노를 먹고 작디작은 볼품없는 몸뚱이나마 뭉치니 큰 물고기도 감히 넘보지를 못하더군요. 작은 몸뚱이 하나 하나가 분노의 화신처럼 똘똘 뭉쳐 다니므로 감히 엄두를 내지를 못하는 것이지요. 게다가 큰 물고기들하고 맞붙어 한 번 싸워서 이기니 이상하게도 몸에 철갑 같은 비늘이 돋더군요. 아무리 센 것에 부딪혀도 부서지지 않고 이빨로 물어뜯어도 안 떨어지는 비늘로 이런 물 속 생존 싸움의 내력이 깊어 온 지 수천 년, 저희는 이제 이심이로 변하게 될 것이지요. 온몸에는 철갑 비늘, 머리는 옥돌처럼 반들해지고 눈은 만 리를 꿰뚫어 볼 것이며 입가에는 승자의 미소가 맺히고 수염은 고르게 쭉 뻗어 이에 당할 자가 없게 되었을 때 저희는 뭍으로 나가게 된답니다. 그 날이 언제일지는 저희도 아직 모르지요. 그러나 아가씨, 걱정마세요, 저희가 아버님을 다시 뵙도록 고향 마을로 보내드릴 게요. 다만 아버님은 눈을 아직 뜨시지 못하셨어요. 공양미 삼백 석을 바쳐야 눈을 뜬다는 것은 거짓말이지요. 몽운사의 화주승은 앞 못 보는 아버님을 진실로 구원하려는 것이 아니라 부처님의 영험한 힘을 악용하여 미천한 백성들을 착취하는 것이지요. 공양미 삼백 석을 바쳤지만 아버님은 눈을 뜨기는커녕 사랑하는 딸마저 잃고 여기저기 울며 불며 떠돌고 계시는 걸요. 또한 중국 남경으로 장사 다니는 상인도 자기 욕심을 채우기 위해서 다른 사람의 목숨쯤 하찮게 여기는 그야말로 잔인하고도 탐욕스러운 자들이에요. 뱃길의 안전만을 위해 아가씨와 같은 꽃다운 처녀를 바닷물에 돌멩이 마냥 던지다니. 그러니 아가씨 이제 세상에 다시 나가시면 우선 아버님부터 찾으세요. 지금쯤 바닷가 마을 여기저기를 떠돌며 아가씨를 목메이게 부르고 계실 거예요. 언젠가 저희들이 세상에 나가면 아가씨를 만날 수 있을 거예요. 어리석은 것이 저희를 훔쳐보면 눈이 멀고, 간악한 것이 보면 간이 녹지요. 저희 이심이의 모양은 정면으로 보이지 않고 볼 수도 없는데 다만 어진 사람에게는 꼬리만 보이고 지혜로운 사람에게는 허리만 보이고 용맹한 사람에게는 머리통만 보이지요. 아가씨처럼 지극한 효심과 고운 마음씨만 가지고도 저희의 옹근 모습이 다 보이지는 않아요. 착하고 어진 것만 가지고도 안되고 지혜로운 것만으로 안되고 용맹한 것만으로 안되고 하나같이 갖추고 있으되 자기를 괴롭히는 것, 못살게 하는 것에 대한 분노가 싹트고 자라야만 보이지요. 가세요. 저희 등에 타서 뭍으로 나가셔서 우선 아버님을 찾으세요. 그러면 한평생 어떻게 살아가야 하는지 정말 아버님을 위하고 아가씨를 위하는 길이 무언지 알 수 있을 거예요.'"

"다음날 정말 노래하는 고기떼들은 심청이를 태우고 물 밖으로 나왔어요. 배가 지나가자 수없는 작은 물고기들이 심청이를 떠받치고 고운 노래를 부르고 있었어요. 뱃사람들은 놀래서 심청이를 건져 올렸어요. 심청이가 손을 흔드니 노래하는 고기떼들은 이 세상에서 가장 아름다운 바다의 노래를 부르며 물위로 풀쩍 뛰어올라 무리 춤으로 온 바다를 수놓더니 꼬리를 흔들며 다시 물 속으로 들어갔어요. 다른 사람은 볼 수 없었지만 심청이는 온몸에 철갑이 돋고, 머리는 옥돌 같고, 빛나는 눈빛에 꼿꼿이 세운 수염, 입가에는 환한 미소를 지은 이심이 모습이 바다 빛을 닮은 하늘에 거대하게 포말지어 가는 것이 보였어요."

"집으로 돌아온 심청이를 보자 마을 사람들은 난리가 났어요. 죽은 줄만 알았던 심청이가 돌아왔으니 하늘이 감동한 것이라고 손이라도 한 번 만져보자며 눈물들을 흘렸지요. 그러나 아무리 둘러보아도 심봉사는 보이지 않았어요. 사람들은 심봉사가 그예 눈을 못 뜨고 어디론가 딸을 부르며 떠나갔다고 했어요. 심청이는 가슴이 터질 것 같았어요. 온 바닷가 마을을 다 찾아다녔지만 심봉사의 소식은 알 길이 없었어요."

"'아버님 아버님, 이 한 몸 바쳐서라도 부디 눈을 뜨고 행복하게 사시라 했더니 이게 무슨 일입니까? 어디에 계시단 말입니까? 제발 몸이라도 성하셔야 할텐데….'"

"심청이는 그 길로 몽운사 중을 찾아갔어요."

"'공양미 삼백 석을 바치면 우리 아버님 눈을 뜨게 해준다고 하더니 이 몸을 바다에 던지고 시주를 올렸건만 아버님이 눈을 뜨시지 못한 채 저를 찾아 길을 떠나 소식도 알 길이 없으니, 어찌된 연유이옵니까? 바닷가의 작은 물고기도 제 마음을 알고 이리 살려 다시 아버님을 모시라고 보내주었건만 처녀 목숨을 팔아서 올린 시주도 정성이 모자란 것이라면 정녕 부처님이 바라시는 것이 무엇이옵니까?'"

"몽운사 중은 잠자코 있더니, 붉은 글씨가 쓰인 종이를 한 장 주었어요."

"'이것을 잘 간직하고 부처님께 천일기도를 올리면 아버님을 찾고 눈도 뜨실 수 있을 것이오.'"

"'제 목숨을 바쳐서도 되지 않을 일, 어찌 이따위 거짓말이나 적어 놓은 종잇장과 기도 따위로 이루어지리라고 또 저를 속이십니까? 당장 공양미 삼백 석을 도로 내놓으세요. 그리고 지금까지 부처님의 영험함을 팔아 얼마나 많은 사람들의 피눈물을 짜고 목숨까지 빼앗았나요? 이젠 절만 살찌우자는 위선과 욕심을 버리고 진정으로 사람들을 구원하는 일을 위해 목숨을 바치세요'"

"심청이의 서릿발같은 노여움에 몽운사 중은 아무 소리도 못하고 공양미로 바친 쌀과 그 동안 사람들이 갖다 바친 제물 등을 실어 심청이의 집 앞에 쌓아 놓았어요. 심청이는 그것을 헐벗고 굶주린 마을 사람들에게 나누어주고 다시 아버님을 찾아 길을 떠났어요. 어느 고을에선가 며칠전 눈먼 봉사가 착한 딸 이야기를 하며 울며 불며 떠돌다 갔다는 이야기를 전해 듣고 심청이는 산을 넘고 물을 건너 물어 물어 찾아 다녔지요. 고갯마루에 앉아 잠시 쉬고 있을 때였어요. 해가 뉘엿뉘엿 기울어 가는데 저 멀리서 다 떨어진 옷을 입고 해어진 장단에 의지해 한 노인이 무언가 한없이 울부짖으며 질척질척 곧 쓰러질듯 걸어오는 것이 보였어요. 심청이는 깜짝 놀라 달려갔지요. 꿈에도 그리던 아버지 심봉사가 마지막 기운을 다해 심청이가 떠나간 바닷가를 찾아오고 있는 것이었어요."

"'아버님, 저예요. 청이에요. 아버님'"

"'아, 아니 뭐라고? 내 딸 청이라고?'"

"심봉사는 너무 놀라 청이를 끌어안고 얼굴을 더듬었어요. 그 순간 심봉사의 눈이 번쩍 떠졌어요."

"'청아, 어디 보자 어이구 내 딸 청아!'"

"'아버님, 아버님'"

"심봉사는 눈을 뜨고 청이를 껴안고 한껏 기뻐하더니 갑자기 눈에서 불이 번쩍 일으키며 온몸의 쌍심지를 모아 저 멀리 산기슭을 뚫어지게 바라보는 것이었어요. 그리고 이번에는 수평선이 아련한 바닷가를 피눈물을 머금고 바라보았어요."

"그 순간 몽운사를 비롯한 온 나라의 절이 갑자기 와르르 무너지고, 삽시간에 불더미에 휩싸였대요. 그리고 온 바다는 불현듯 사나운 폭풍우가 일어 처녀를 인당수 물에 던져 장사를 하던 배들이 뒤집혔대요. 사람들은 이심이가 마침내 물밖 세상으로 나와 불을 토한다고들 했지요."

곧은 목지 이야기

옛날 옛날 아주 먼 옛날 옛적, 깊은 산골에 뫼를 넘으면 강이 있고 그 강을 건너면 뫼가 있고 그 뫼를 다시 넘으면 또 뫼가 있고 이렇게 허구헌날 넘고 또 넘어도 병풍처럼 뫼줄기가 죽 둘러친 첩첩산 꼭대기 그 꼭대기 위에 맨 꼭대기 뫼가 있는 곳.

그 깊은 곳에 가을이 가고 단풍이 지고 높파람이 몰아치며 첫눈이 내리는 날, 그 날이면 이상스럽게도 그 맨 꼭대기 뫼에 뫼가 또하나 삐죽이 솟았더란다.

그러다가 높파람이 그 성난 자락을 감추고 눈발이 멎는가 싶으면 그렇게 불쑥 솟았던 뫼봉우리는 슬며시 사라져 버리는 것이었다.

무엇이었을까. 그 곳 깊은 산중의 이름 모를 짐승이었을까, 아니면 세상천지에 첫눈을 짓뿌리는 산신령이었을까.

그도 아니면 무엇이 그 깊고 높은 맨 꼭대기도 모자라서 하릴없이 삐쭉 솟았다가 사라지는 것일까.

그러나 그것은 이상한 짐승도 산신령도 천지 조화도 아니었다.

그것은 다름 아닌 사람이었으니, 그러나 그가 어떻게 생겼는지 무엇을 해먹으며 왜 그 깊고 높은 데서 사는 것인지 아는 사람은 물론 본 사람도 없었다.

다만 그의 생김새를 짐작할 수 있다면 초겨울 첫눈이 내리는 날 그저 의례 그 하늘이 맞닿은 꼭대기 맨 꼭대기에 올라 우두커니 섰다가 사라진다는 사실뿐이었다.

왜일까, 왜 그렇게 그 사람은 첫눈 내리는 날이면 어김없이 그 높파람 찬서리에 맞서 우뚝 서 있는 걸까, 동네 애들 모양 첫눈이 그저 좋아서 그런 것일까.

아니었다.

그 곳 깊은 곳에서는 한 번 눈이 내렸다 하면 이듬해 봄이 와야 비로소 녹아 내린다.

그래서 그 곳에 살다 보면 그 눈 속에 묻혀 오직 눈사람으로 깊은 겨울잠에 들어가야 하니 한겨울 마지막으로 세상천지를 바라보느라 그렇게 섰는 것이다.

사실이 이렇건만 세상 사람들은 이 이상한 노릇에 대하여 입방아가 잦았다.

그 높은 뫼에 다시 뫼가 서는 것을 보면 재수가 좋다 하고 혹은 그 뫼가 오래가지 않고 금새 사라지는 날이면 천재지변 세상 우환이 감돌거라 하고.

그러나 이것은 그 곳에 서는 사람의 속사정은 전혀 모르고 짖어 대는 말.

눈이 내리 내리면 오래도록 서 있고, 그러나 눈이 금새 그치면 금새 사라지는 것일 뿐, 세상 사람들의 입방아와는 전연 그 내력이 다른데, 이와 같은 사실을 두고 세간의 사람들은 공연히 푸닥거리를 해대고 혹은 절간에선 서툰 염불 소리를 설쳐댔던 것이다.

그러던 어느 해, 그 해에도 첫눈이 내려 예년같이 그 높은 뫼에 한 사람이 우두커니 섰는데.

난데없이 몰이꾼 소리가 들려 왔다. 징이 울리고 취타 소리에 말이 달리고.

이 때 우두커니 들판을 굽어보고 섰던 그 사람은 그만 찔끔하지 않을 수 없었다.

저 소리는 나를 쫓는 소리가 아닐까.

그러나 찬찬히 살펴보니 그 몰이꾼들은 자기를 쫓는 것도 어떤 산짐승을 뒤쫓는 것도 아니었다. 누군가 달아나는 사람을 쫓는 모양인데 쏜살같이 도망을 치는 품이 엔간치는 않았지만 그냥 내버려두면 잡히기 십상이라.

더구나 이 깊은 골은 아무도 함부로 범하지 못할 바로 내 손바닥이 아닌가.

그런데 겁도 없이 예까지 달아들다니, 하물며 예까지 쫓아 한 사람의 목숨을 앗아간다는 것은 도저히 용납할 수 없는 일.

생각이 이에 미치자 이 짐승 같은 사람은 날래게 뛰어들어 잡히기 직전의 그 사람을 잽싸게 들쳐업고 비호처럼 산 속으로 숨어드니, 이거야말로 하늘의 노여움인가, 산신령의 조화인가. 뒤쫓던 몰이꾼들은 죄다 겁을 집어먹고 걸음아 날 살려라 냅다 달아나 버리고 말았다.

들쳐 메고 온 사람을 방안에 뉘어 놓고 보니 온몸이 피투성이라 차마 분간할 수가 없는데 그 몸뚱아릴 찬찬히 살펴보니 한 가련한 처녀임이 분명하였다.

그리하여 갖은 정성으로 한 해 겨울 동안 그네를 살려 놓았는데 웬만큼 기력을 되찾고 보니 원래가 타고나기를 천하일색이라.

하지만 본색을 들고 보니 자기 한 목숨도 자기 몸뚱아리까지도 제

것이 아닌 노비의 처지라 몸종이 되기를 강요하는 주인 놈의 횡포를 뿌리치고 달아나던 길이라는 기가 막힌 사연이었다.

이름은 새뚝이라 했다.

어째서 새뚝이냐 하면.

캄캄한 밤하늘에 갑자기 떠오른 샛별 같고 관솔 불빛도 매캐히 꺼진 창밖에 눈빛 같고, 맥빠진 판, 축 처진 판에 새바람을 일으키는 소나기 같아 새뚝이라 했다 한다.

그래 그런지 그 깊은 골엔 어느새 새바람이 봄을 당기고 있었다. 계곡 사이로 꽝꽝 얼어붙은 얼음장 밑엔 벌써부터 와당탕탕 억겁의 숨을 몰아 달리는 물살하며 눈발을 헤집고 이제 막 보송보송 새순을 틔우는 버들가지하며.

한데 새뚝이의 마음은 고마운 생각보다도 그를 살려준 사람을 보고는 놀라지 않을 수 없었다.

찬찬히 살펴보니 그는 목병신, 곧은 목지가 아닌가.

사람을 쳐다보려고 해도 목이 어깨에 붙었으니 온몸을 돌이켜서야 볼 수 있는 목병신, 또 땅에 떨어진 물건을 주우려 해도 허리 전체를 꾸부려야 하고 길을 걸으려면 목이 굳어 버렸으니 얼굴의 눈은 먼 산을 보고.

그리하여 발끝의 눈은 바로 눈앞에 돌부리를 보아야 하기에 눈이 둘 달렸다는 곧은 목지, 그래서 걷는 모습은 뻣뻣이 서고, 가슴은 쭉 내밀고, 두 주먹은 불끈 쥐고 앞만 보고 곧장 가는 길밖에는 모른다는 곧은 목지, 하여 병신 중에서도 상병신으로 치지만.

그러나 마음이 어질고 힘이 장사라 늦도 없이 저문 밭머리에 불쑥 나타나 남은 김을 죄 매어 주기도 하고 또 느닷없이 타작마당이나 베틀에 나타나 졸고 앉았는 아낙을 소리 없이 돕고 간다는 사나이, 하지만 그가 어디에서 무얼 하고 사는지 정작 어떻게 생겼는지조차 알 수 없는 노비들의 영원한 전설의 벗, 바로 그 곧은 목지가 아닌가.

그런데 새뚝이의 눈에 비친 그는 몸은 비록 곧은 목지였으되 노비들의 우상인 전설의 그 곧은 목지는 아니었다.

그저 목적도 뜻도 없이 그냥 산골에 묻혀 사는 한 짐승 같은 사내, 눈물도 콧물도 없이, 노여움도 아쉬움도 없이 그저 눈 속에 묻혀 눈 속을 사는 짐승에 불과했던 것이다.

그래 자기를 살려내 준 것은 고맙기 그지없으나 새뚝이의 마음은 그에 머물 수는 없었다.

이 곳까지 도망친 자기 때문에 갖은 고초를 다 당하고 있을 부모 형제, 그들을 살려내지 않고는 배길 수가 없어 곧은 목지가 나무를 하러 간 새, 새뚝이는 가랑잎에 그 사연을 적어 놓고 마을로 내려와버리고 말았다.

이 사건으로 곧은 목지는 큰 충격을 받지 않을 수 없었다.

자기가 지금껏 이 곳에 와 살고 있는 것은 새뚝이와 매 한 가지로 죽을 힘을 다해 이 곳까지 도망쳐 왔기 때문이다.

그리고 그의 이름은 본래 일판의 기둥이라 하여 말뚝이라 불리었는데 그래서 그는 주인이 시키는 일이라면 무엇이고 싫은 내색 한 번 없이 다했었다. 그러나 주인 놈이 병들어 죽던 날, 죽은 뒤에도 자기를 지켜 줄 힘꾼이 필요하다며 산 채로 같이 묻히라고 목에 쇠사슬을 묶은 것을 그대로 끊고 달아나 이 곳 산골까지 도망쳐 온 뒤, 그때 부러졌던 목이 붙어 곧은 목지가 되었을 뿐, 그는 실상 이 세상천지 노비들의 우상인 그 곧은 목지가 아니라 그저 살아남은 것만 다행으로 알며 세상을 잊고 노여움을 잊고 살아가는 병신이었던 것이다.

그런데 다시 마을로 돌아간 새뚝이의 때림은 곧은 목지로 하여금 잊어버렸던 부모 형제, 자기 때문에 온갖 고초를 겪고 있을 그들의 고통을 일깨웠고, 그리하여 곧은 목지는 그 길로 자기가 살던 터전을 몽창 부시고 사람 사는 마을로 내려오게 되었다.

곧은 목지가 다시 찾은 세상은 여전했으되 그의 눈에는 예전에 없던 많은 것들이 걸러졌다.

우선 부모에게 효성을 다한다고 석삼 년을 무덤가에서 쭈그리고 앉아 있는 어느 효자의 하는 꼴이 전 같지 않게 턱없이 여겨졌다.

또 어느 마을에 이르렀을 때는 싸움이 붙었는데 한 패거리는 일을 모질게 시켜 먹어도 배는 주리지 않게 먹여주는 주인이 낫다고 하고 또 한 패거리는 먹이는 것, 입히는 것은 후하지 않아도 일에는 그렇게 앙탈하지 않는 주인이 낫다고 하며 목숨을 내걸고 그리들 실갱이를 하는데.

그러나 배부른 집에선 일에 치이고 일에 치이지 않는 집에선 주려 죽는 것을 보면서 헤매이기 열두 고비, 천신만고 끝에 일찍이 그가 살던 고향 마을에 당도해보니 실로 기가 탁 막혔다.

그의 아버지는 달아난 자기가 돌아올 때까지 때린다며 노상 매만 맞다 죽어버렸고, 형제들은 자기로 인해 이리 팔리고 저리 팔리고 그렇게 죽어 버렸건만 무덤 한 뼘 찾을 길 없는 고향땅.

결김에 주인집 대문을 왕창 부시고 산기슭에 다시 피신해보니, 피눈물이 절로 나고 무엇인가 실컷 불어 대지 않고서는 곧장 죽을 것만 같았다. 무엇을 부느냐, 긴 한숨을 불고, 휘파람을 불고 그래도 성이 안차 피리를 불어 대고.

이래서 곧은 목지는 다시 세상에 돌아왔으되 발붙일 곳이 없이 울며 불며 떠도는 신세, 문전걸식하는 간데 없는 비렁뱅이 처지가 되고 말았다.

그러나 이처럼 울며 불며 떠도는 신세에겐 오히려 성한 사람들이 사람 같지가 않았는데.

그러던 어느 날 달빛에 길을 가다가 다 쓰러져가는 물레방아간에서 들려 오는 구슬픈 피리 소리에 저도 몰래 이끌리어 다가가 보니 앉은뱅이 하나가 청승맞게 피리를 불고 있는 것을 발견하게 되었다.

까닭을 물은 즉, 세상에 닥치는 일이란 일은 다해내도 끝내는 일에 치인다고 주인 놈한테 주리까지 틀려 병신이 된 뒤 빌붙을 데가 없어 피리에 몸을 싣고 이리저리 떠돈다고 했다.

이리하여 같은 신세끼리 떠돌다가 어느 날은 '나간이'를 만나기도 했다.

'나간이'란 정신은 멀쩡한데 온몸의 힘이 나간 사람을 이르는 말이다. 그래서 그 힘의 중심이 없으니 자신은 앞으로 걷는다고 걷노라면 팔과 다리, 허리, 고개 엉덩이까지가 제 멋대로 놀고 입은 씰룩 눈깔은 가로 세로 있는 대로 따로 논다. 그런 그를 보고 세상 사람들은 정신 나간이라고 하지만 실은 정신은 말짱해 스스로를 나간이라고 했다.

어째서 그 모양 그 꼴이 되었는가.

한때는 일에는 겁이 없던 사람이었건만 실컷 부려먹고 나서는 늙고 병이 들어 쓸모 없다고 먹여 주지도 재워 주지도 않아 그 꼴이 났으니 그러나 어쩌랴, 그렇다고 생목아지를 분지를 수도 없어 그냥 울며 불며 떠도는 것이라며 휘파람을 불어제끼는데 그 가락이 천하일품이라. 서로 젖다 보니 한패가 되어 또 같이 떠돌게 되었던 것이다.

그러나 병신된 신세들은 그들만이 아니었다. 인심 사나운 세상천지 곳곳엔 어디에나 병신들이 들끓었던 것이다.

어느 날엔 뻗정다리를 만나고 어느 날엔 곰배팔이, 판수, 귀머거리,

꼽추, 문둥이, 등신까지 만나는데, 모두 그리 되기까지의 맺힌 사연을 달래는 제각기의 한가락이 있어 패는 신이 나기 그지없었다.

그러나 그 패가 만만치 않은 패라 해도 시절이 시절인지라 식은 밥 몇 술 문전걸식도 여간해서는 여의칠 않으니 자연히 남의 집 사립문을 두드리는 가락은 능해지고 주인집 아낙에 한 술 거는 수작은 그대로가 빼어난 대거리가 되고 또 풍물, 타물, 부는 휘파람까지가 한판 걸진 굿거리로 흥이 절로 돋고, 돋게 하니 문전걸식을 해먹어도 살만 하였다.

가령 비록 다 쓰러져가는 초가집이지만 인심 좋게 생긴 사립문에 다가서면 그들 병신들은 이렇게 수작을 걸었다.

에 왔수다
에루 어차 또 왔수다
소슬바람 젖히고
인심 좋고 입심 좋은 댁내여

고개 들면 문 좀 여소
만경창파 태풍이라
철썩철썩 초한 조공
우지끈 뚝딱 잔뜩 싣고
서해 바다 건너올 제
높을 고 맑을 려
고쟁이 울분패
아해는 망을 보고
서방은 노를 젓고
댁내는 삿대 저어

왕강뎅강 달려왔으니
에~ 문 좀 여슈

이렇게 불러 대는데 여기서 초한 조공이란 다름 아닌 대륙 중국의 초나라 한나라(시대로 따지면 송나라여야 맞다)가 고려 백성에게 보내는 조공이요, 고쟁이 울분패란 고려 백성 중에서도 병신이 된 이들, 집도 절도 없이 울며 불며 떠도는 풍각쟁이란 뜻의 줄임 말이다.
　이 한 떼거리가 사립문 안댁네한테 바칠 초한 조공을 갖고 왔으니 어서 문 좀 열라고 을러대면 이에 굳게 닫혔던 사립문이 열리며,

작년 조공은 시집에 쓰고
올 조공은 친정에 쓸 참인데 무엇을 갖고 왔나

하는 대거리가 나오고, 그러면

비단 목단 재물 보석
잔치 떡에 횡적 부침
노루목 곰쓸개 살진 암탉
술까지 빚어 왔으니

하고 이어지니, 그 때서야 호박꽃처럼 활짝 반기며 식은 밥 한 술을 보태주면 떠돌이 울분패는 또다른 집을 찾고, 이집저집 그렇게 떠도는데.
　그러나 이 때 나라에서는 야단이 났다.
　우선 문전걸식 풍문 대거리 굿판이 상전 나라 초한, 곧 오늘의 송나

라를 함부로 모독하니 그것이 큰일이요.

둘째는 이 울분패가 떴다 하면 어느 곳에서고 판이 열려 사람이 따르고 민심이 움직여 어느 날엔가는 팔도 병신들의 몸이 풀릴 것이요 그리되면 '천년성'이 무너질 것이라 하니 그 아니 야단일 수가 없는 것이다.

'천년성'이란 무엇인가.

썩은 사직이다. 썩은 사직이 밑두리에서부터 금이 가고 있는 것이니 어째서 그런가. 큰 길놀이가 있어 본들 이들 울분패가 앞을 잡지 아니하면 뒤풀이가 시들해진다.

그러나 일단 울분패가 앞을 잡으면 반드시 뒤풀이가 있고 그 뒤풀이는 천년성 썩은 사직을 짓부수는 길군악, 죽창, 대창 서슬 퍼런 창칼의 아우성으로 이어지는 것이다.

예나 이제나 백성들의 의기를 크게 하나로 모으는 건 '마을굿'이었다. 이래서 굿 중에는 마을굿이 가장 크다 하였으되 이는 판이 '맘판'으로 이어지기 때문이었다.

그러나 맘판으로 가는 마을굿의 길목은 판판이 깨어지기가 일쑤였다.

맘판의 경지에 오른 굿의 흥분이 썩은 사직, 썩은 사슬, 썩은 올가미를 그냥 내버려두지 않으니 관가에서는 목숨을 걸고 그 판에 찬물을 끼얹었기 때문이었다.

이래서 마을굿은 기껏해야 풍년 풀이로 그 흥이 있는 자, 즉 주인 놈의 부귀 굿으로 바뀌기 되고 백성들은 그 속에서 하루이틀 먹고 마시고 떠들썩하는 것으로 자기의 참기쁨 참의기를 잃어버려 갔던 것이다.

그러나 울분패가 잡는 마을굿은 그게 아니었다. 이 마을 저 마을 잡귀 잡신은 그대로 주인놈 꼴통 쌀통 탈바가지 뒤에 가리운 흉악한 웃음이었다.

그 탈바가지 그 뒤에 가리운 인륜 도덕·예의 법도 군신유의의 탈바가지를 있는 대로 박살을 내니 악독한 주인놈 썩은 관아 썩은 사직이 주는 판은 판판이 깨어지고 마는 것이었다.

어떻게 깨지냐면

맥빠진 판 시든 판에 뛰어든 새뚝이처럼 울분패는 그들이 떠돌며 발길을 주면 줄수록 주어진 판에 금이 갔으니, 그것을 판의 이어짐으로 보면 '작살판'이요, 이 작살판은 다시 '박살판'으로 이어지고 마침내 흥청망청 '맘판'으로 기세가 오르니 이래서 나라를 거머쥔 썩은 것, 추한 것들이 울분패라면 벌벌 떨지 않을 수 없었던 것이다.

이리하여 나라에서는 병신들의 길목을 잡으려는 계략이 세워졌다.

나라님 은덕으로 천하 병신들의 호강 잔치를 벌인다는 방이 나붙었다.

이에 팔도 천지 왼갖 병신들이 나라님 은덕에 감지덕지하며 서울을 향해 모여드는데 걸음이 여의치 않은 병신은 기어서 오고 노자가 변변찮은 식은 떡 몇 조각 허리에 꿰차고 오고 이렇듯 이 마을 저 마을에서 병신들의 웃음판이 떠들썩하니.

한편에선 병신 팔자 덕에 서울 구경하게 되었다며 침을 흘리기도 하고 또 한편에선 쥐구멍에도 볕이 드는 법이지, 아무렴, 혀를 차기도 했다.

그러나 이것은 병신들의 병신 같은 백주 한 꿈이었다.

병신들이 서울을 향해 마을을 빠져나와 으슥한 고개밑 혹은 산기슭을 돌아드는 곳에서는 두더지 복병들이 숨었다가 내리치는 것이었다.

일생에 단 한 번 큰 잔치를 앞에 두고 이 무슨 날벼락인가.

이리하여 이것이 나라의 엄청난 속임수인 줄도 모르고 죽어 가는 불쌍한 병신이 골골이 줄줄이 나뒹구는 것이니.

그러나 워낙 팔도 천지에 병신이 널렸는지라 이처럼 처참하게 당한 뒤에도 서울에 당도한 병신들은 잔칫상만을 기다리는데.

이번에는 포졸·병졸들이 천진하게 모여 있는 병신들에게 찌릉소(사람을 잘 받는 소)를 앞세워 한꺼번에 강물에 처넣고자 하였다.

이에 몸이 성치 않는 것들이 이리 몰리고 저리 몰리고 그 판에도 잽싸게 빠져나오는 것들은 사정없이 철퇴를 내리치고 창칼로 찔러대니 병신들은 급기야 몰살의 위기를 맞고야 말았다.

가엾도다. 원통히 우는 놈, 몸서리를 치는 놈, 병신된 자기 상처를 안타까이 물어뜯는 놈, 이놈 저놈이 범벅이 되어 잔치판은 벌리기도 전에 개판이 되었을 바로 그때였다.

어디선가 쇳소리로 "곧은 목지 목이 풀렸다!"는 소리가 들려왔다.

'곧은 목지'라면 일판의 말뚝이, 아니 죽는 판에 새뚝이가 아닌가, 그 곧은 목지가 목이 풀렸다니.

어디 보자고 고개를 돌리는 순간, 진짜로 울분패의 곧은 목지 목이 돌아갔다.

이때 또 어디선가 "저것 봐라 곧은 목지 목이 돌아갔다"는 소리가 들려 왔다.

곧은 목지는 자기도 모르는 새 어디 보자고 하는 순간, 다시 목이 풀리면 몸짓이 돌아가기 시작했다.

이와 같이 곧은 목지의 목이 풀리니 부러졌던 꼽추 병신 허리가 덩달아 풀리고 또 덩달아 뻗정다리 다리목이 풀리고, 나간이의 사지, 모든 병신들의 온갖 것이 풀려 가니, 풍물은 잦은 모리를 때리고 취타는 길군악을 울리고, 울며 불던 불 데 피리, 퉁소, 새납까지가 칼이 되어 썩은 칼을 베기 시작하자 판이 말리는 소리가 들려 왔다.

판이 멍석처럼 병신 쪽에서 관군 쪽으로 뚜뚜르르 말리니 포졸들은 달아나고 병졸들은 무릎을 꿇고 썩은 사직, 천년성이 하나로 말려 곤두섰다가 꽈당! 하고 무너지는 소리에 놀란 귀머거리의 귀가 열렸다.

이때 눈이 멀어 앞이 안 보이는 판수가 곁에 있던 귀머거리의 허벅지를 꼬집어 저 소리가 무슨 소린고 물으니 저것이 바로 천년성이 무너지는 소리라고 이르니 눈먼 판수가 어디 보자고 온몸의 핏대를 눈자위로 모는 순간, 번쩍 눈동자에 잡히는 세상.

이것이 다름 아닌 병신들이 싸워 일으킨 신 새벽 새 세상이라.

먼 데서 달구질 쇳소리가 유난히 힘차게 달려오더라니

뚫리고 깎여서 매어 나오던 구성진 긴 한숨, 흐느끼던 피리 소리가 한바탕 대성통곡으로 변하고,

한바탕 대성통곡이 이슬에 젖어들 무렵, 어디선가의 풍물에서 쇳소리를 되찾은 달구질을 울분패가 앞장 서 썩은 세상을 우지끈 뚝딱 갈아엎고 새날을 일으켜 갔다는 이야기다.

□ 백원담
1958년 서울에서 태어났으며
지금은 경기도 화성군 동탄면 산척리에서
남편 이종회와 아름, 하제 두 남매와 살고 있다.
연세대학교에서 중문학을 공부했으며 魯迅을 연구했고
박사과정에서 新時期文學을 연구중이다.
대학에서 강의를 하고 문예·노동관계 문필활동도 한다.
여기 쓴 글들은 90년 전국노동조합협의회 연대사업부장으로 근무하면서
딸 아름이를 잉태하고부터 아름이를 낳고 전노협을 그만두고
아름이가 세돌이 될 때까지의 육아일기가 담겨 있으며,
필자가 공부를 다시 시작하고 엄마로서 아내로서
무엇보다도 한 인간으로서 다시 내딛는
삶의 첫발떼기까지의 내력을 담고 있다.
앞으로 창작활동과 문학연구를 계속하고
아이들과 어른을 위한 이야기꾼이 되고자 한다.

백원담이 딸에게 띄우는 편지
색동저고리 입고 꼬까신 신고

1995년 2월 6일 초판발행
1995년 3월 6일 초판2쇄 발행

지은이 백원담
펴낸이 김종수
펴낸곳 도서출판 한울
주소 서울시 서대문구 창천동 503-24(휴암빌딩 201호)
전화 326-0095(대표)
팩스 333-7543
등록 1980. 3. 13. 제14-19호
ⓒ 백원담, 1995. Printed in Korea.
ISBN 89-460-2176-4 03810

* 잘못된 책은 바꿔드립니다.   값 6,000원